偏旁有话说

刘克升 著

万象卷

人民东方出版传媒
People's Oriental Publishing & Media
東方出版社
The Oriental Press

图书在版编目（CIP）数据

偏旁有话说. 万象卷 / 刘克升著. — 北京：东方出版社，2024.10
ISBN 978-7-5207-3610-7

I. ①偏… II. ①刘… III. ①偏旁—儿童读物 IV. ①H122-49

中国国家版本馆CIP数据核字（2023）第163947号

偏旁有话说：万象卷
（PIANPANG YOUHUASHUO：WANXIANG JUAN）

作　　者：	刘克升
策　　划：	王莉莉
责任编辑：	赵　琳　张　伟
产品经理：	赵　琳
出　　版：	东方出版社
发　　行：	人民东方出版传媒有限公司
地　　址：	北京市东城区朝阳门内大街166号
邮　　编：	100010
印　　刷：	北京联兴盛业印刷股份有限公司
版　　次：	2024年10月第1版
印　　次：	2024年10月第1次印刷
印　　数：	1—5000
开　　本：	660毫米×960毫米　1/16
印　　张：	14.25
字　　数：	130千字
书　　号：	ISBN 978-7-5207-3610-7
定　　价：	210.00元（全六册）
发行电话：	（010）85924663　85924644　85924641

版权所有，违者必究
如有印装质量问题，我社负责调换，请拨打电话：（010）85924602　85924603

目　录

左耳旁 ○ 001

名帖赏析 ○ 007

右耳旁 ○ 008

名帖赏析 ○ 014

高字旁 ○ 015

同字框 ○ 020

名帖赏析 ○ 026

方字旁 ○ 027

田字旁 ○ 032

罗字头 ○ 037

文字旁 ○ 042

十字旁 ○ 047

私字旁 ○ 053

名帖赏析 ○ 059

儿字旁 ○ 060

子字旁 ○ 066

巴字旁 ○ 071

力字旁 ○ 076

名帖赏析 ○ 081

士字旁 ○ 082

京字头 ○ 087

凶字框 ○ 093

臥字旁 ○ 098

臣字旁 ○ 103

血字旁 ○ 107

病字旁 ○ 112

鬼字旁 ○ 117

角字头 ○ 122

里字旁 ○ 126

名帖赏析 ○ 131

音字旁 ○ 132

谷字旁 ○ 137

衣字旁 ○ 142

食字旁 ○ 147

酉字旁 ○ 152

齐字旁 ○ 158

名帖赏析 ○ 163

韭字旁 ○ 164

瓜字旁 ○ 168

果字旁 ○ 173

甘字旁 ○ 179

白字旁 ○ 184

赤字旁 ○ 189

黄字旁 ○ 194

名帖赏析 ○ 200

黑字旁 ○ 201

名帖赏析 ○ 206

新版后记 ○ 207

附录一 ○ 211

附录二 ○ 216

附录三 ○ 223

左耳旁

我是左耳旁。
我长这个样子：

打字的时候，
你打"fù"，
我就会现身。

我的祖先很酷。它们长这个样子：

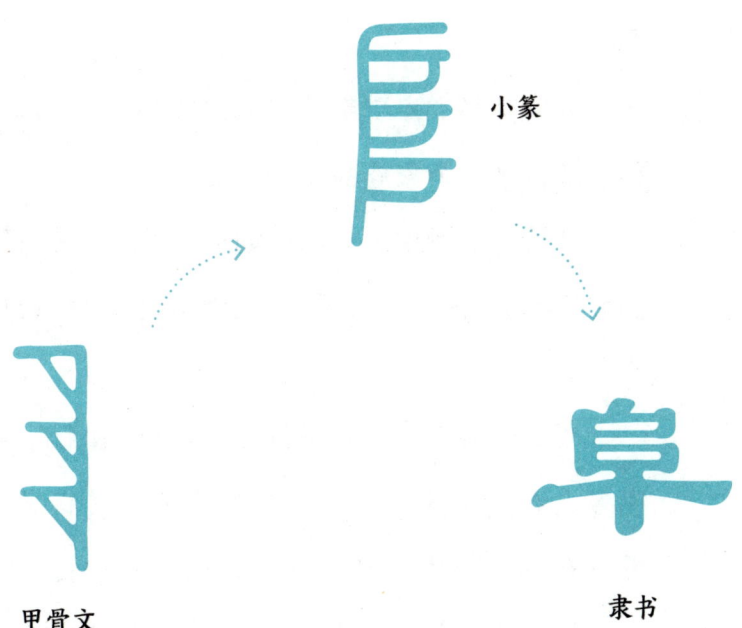

小篆

甲骨文

隶书

你看我的甲骨文祖先，右边那一竖，是不是代表高高的山体？左边那些笔画，是不是代表层累而上的坡阶？小篆祖先头上增加的那一横，是不是代表又高又平的山顶？

后来，是不是慢慢演变成了一个"𠂤（duī）"字和一个"十"字？

到了我这一辈，是不是最终演变成了一个横撇弯钩和一竖？

我的故事

我呀，其实就是那个"阜（fù）"字，是它分化出来的写法，最初的意思是顶部相对平坦的高山。

我既然是"阜"字的变体，自然也属于阜族，很了解自己这个家族的特性。

《诗经》里说："如山如阜，如冈如陵。"我们坡阶陡峭，顶部相对平坦。山则是数峰并峙（zhì），峰顶尖尖。

《说文解字》里说我们是"大陆，山无石者"。很多人误读了这句话，把我们当成了又高又平，没有石头的土山。其实，这句话里的"石"字，指的并不是石头，而是由石头构成的山崖（yá），也就是耸（sǒng）立的峰崖。

所有的山都是由土石构成的。我们是山的一种，怎么会没有石头呢？没有的只是耸立的峰崖而已。

"自"字最初的意思是小土山。我们身上的坡阶多，它身上的坡阶少。因为这个原因，古人称它为"小阜"。后来，它慢慢演变成"垍（duī）"字，最后又演变成"土堆"之"堆"。

物多则隆（lóng），隆则物多。因为我们隆起于地面，所以还引申为丰盛和众多等意思。"物阜民丰"，说的就是物产丰盛，人民富足。

"寒露衰北阜，夕阳破东山。"（出自唐·宋之问《初到陆浑山庄》）

"曲河随暮草，重阜接闲云。"[出自唐·耿沣（wéi）《送太仆寺李丞赴都到桃林塞》]

这些古诗词里的"阜"字，让我感到非常亲切，同时跟着沾染了一番诗意。

我来造字

我们这个家族的汉字，主要和山阜有关，和地势有关。

因为我总是待在我朋友的左边，而且长得像人耳朵，所以大家都叫我"**左耳旁**"。

我和右耳旁长得一模一样。我们合称为"**双耳旁**"。

小篆

阳

隶书

我遇到"日"字，
就变成了"阳"字。

太阳当空照，花儿对我笑。
来到衡山南，进了衡阳城。
"阳"是"陽"的简化字。

小篆

阴

隶书

遇到"月"字，
就变成了"阴"字。

月有阴晴圆缺，人有悲欢离合。
"阴"是"陰"的简化字。

小篆

陪

隶书

遇到"立"字和"口"字,
就变成了"陪"字。

爱我你就陪陪我。

小篆

阱

隶书

遇到"井"字,
就变成了"阱"字。

猎人掉进自己挖的陷(xiàn)
阱(jǐng)里。

小篆

陌

隶书

遇到"百"字,
就变成了"陌"字。

在纵横的阡(qiān)陌(mò)
上遇见你。陌生人成为好朋友。

小篆

阶

隶书

遇到"介"字,
就变成了"阶(jiē)"字。

一步一个台阶。
"阶"是"階"的简化字。

小篆

院

隶书

遇到"完"字,
就变成了"院"字。

望仙院,院东头。深院月明人
静,庭院深深深几许。

选自唐寅书《落花诗》

> 花旦難保餘香笑樹神
> 料得青鞋攜手伴日高
> 都做晏眠人
> 夕陽黯黯笛悠悠一霎

名帖赏析

　　唐寅（yín），字伯虎，明朝著名画家、书法家和诗人，号六如居士、桃花庵主，自称"江南第一风流才子"。唐寅一生曾多次书写《落花诗》，诗的内容虽然反映了封建士大夫感物伤怀的颓（tuí）废情绪，但是法度严谨，平正典雅，显示出过人的才气。

右耳旁

我是右耳旁。
我长这个样子：

打字的时候，你可以打"fù"，把左耳旁打出来充当我。我和它长得一模一样，毫无分别。

我的祖先很酷。它们长这个样子：

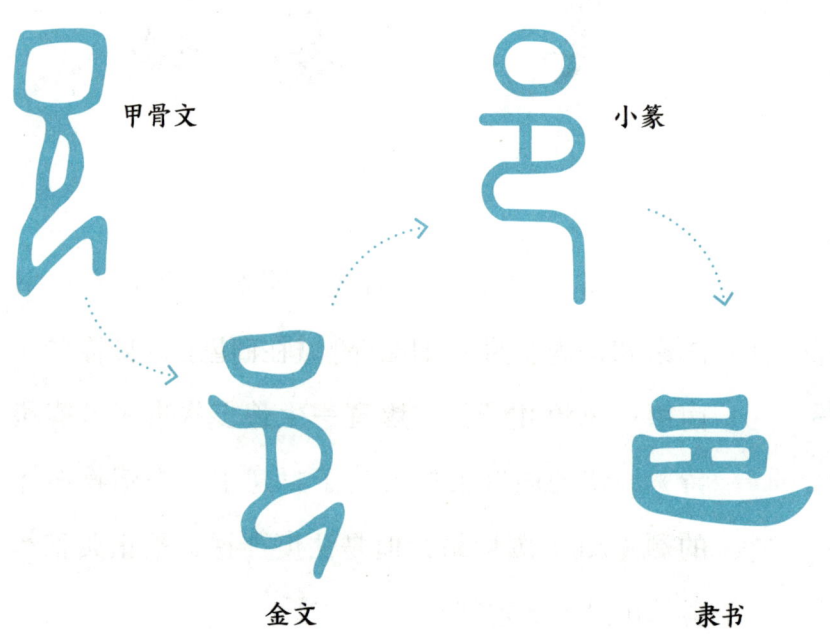

甲骨文

小篆

金文

隶书

你看我的甲骨文祖先,上面像不像四面带有围墙的城市?下面像不像一个人跪坐在那里?

后来,是不是慢慢演变成了一个"口"字和一个"巴"字?

到了我这一辈,是不是最终演变成了一个横撇弯钩和一竖?

我的故事

我呀,其实就是那个"邑(yì)"字,是它分化出来的写法,最初的意思是四面筑有城墙的人口聚居区,也就是城市。

我既然是"邑"字的变体,自然也属于邑族,很了解自己这个家族的特性。

古代的国家,规模大都很小。一座城市往往就是一个国家,同时也是这个国家的首都。"邑"字因而还含有国都和国家等意思。

商是夏朝的分封国,都城在商邑。打败夏朝,建立商朝以后,曾多次迁都。他们将先王宗庙所在的商邑,尊称为"大邑商"或者"天邑商"。甲骨文卜辞中,就有很多"王今入大邑商"之类的记载。

古时候的"费（bì）邑"和"郯（tán）邑"，本身也都是一座城市。它们以城为国，同样是诸侯之国。里面的"邑"字，同样含有城市、国都和国家的意思。现在很多地方的地名，其实都是以前的国名。比如费（fèi）县和郯城县，就都沿用了以往古国的国名。

秦始皇统一六国后，取消分封制，推行郡（jùn）县制，因而有了"县邑"一词。"县邑"即县城。"县邑"里面的"邑"字，指的自然也是城市。

"井田"之"井"，和"邑"字组成"井邑"一词，意思是城镇和乡村。"坐窥（kuī）井邑，俯（fǔ）拍云烟。"这句话的意思是说，坐在楼上可以远眺（tiào）城乡美景，俯下身来可以拍击云气烟雾。

"山色围古邑，溪影渡寒鱼。"[出自宋·释文珦（xiàng）《送杞上人归於潜山》]

"邑小天为寿，民愚（yú）地与安。"（出自宋·郑穆《赠仙居宰陈述古》）

这些古诗词里的"邑"字，让我感到非常亲切，同时跟着沾染了一番诗意。

我来造字

我们这个家族的汉字，主要和国家、地域（yù）有关，和地名、姓名有关。

因为我总是待在我朋友的右边，而且长得像人耳朵，所以大家都叫我"右耳旁"。

我和左耳旁长得一模一样。我们合称为"双耳旁"。

小篆

都

隶书

我遇到"者"字，
就变成了"都"字。

我国的首都（dū）是北京，人人都（dōu）爱它。

小篆

邦

隶书

遇到"丰"字，
就变成了"邦"字。

文明古国，礼仪之邦。

小篆

郡

隶书

遇到"君"字，
就变成了"郡"字。

秦分天下为三十六郡。

小篆

邻

隶书

遇到"令"字，
就变成了"邻"字。

远亲不如近邻，近邻不如对门。
"邻"是"鄰"的简化字。

小篆

郁

隶书

遇到"有"字，
就变成了"郁（yù）"字。

香气浓郁，生活气息浓郁。
"郁闷"之"郁"、"郁郁葱葱"
之"郁"，则是"鬱"的简化字。

小篆

郎

隶书

遇到"良"字,
就变成了"郎"字。

牛郎织女鹊桥相会。

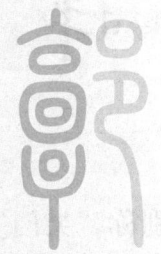

小篆

郭

隶书

遇到"享"字,
就变成了"郭"字。

迎面走来郭先生。他向我打听:
东郭先生是不是住在东郭?南郭
先生是不是住在南郭?

选自唐寅书《落花诗》

春風又轉頭控訴欷呼天北極臙脂都付水東流傾盆怔雨淚三尺繞樹佳人繡羊鉤顏色自

名帖赏析

唐寅（yín），明朝吴县（别称"吴门"，今苏州市）人。精于诗文，和祝允明、文征明、徐祯卿并称"吴中四才子"。擅长绘画，和沈周、文征明、仇英并称"明四家"。亦工书法，取法赵孟頫（fǔ），行笔奇峭俊秀。《落花诗》系其行书代表作，具有鲜明的个性特征。

高字旁

我是高字旁。
我长这个样子：

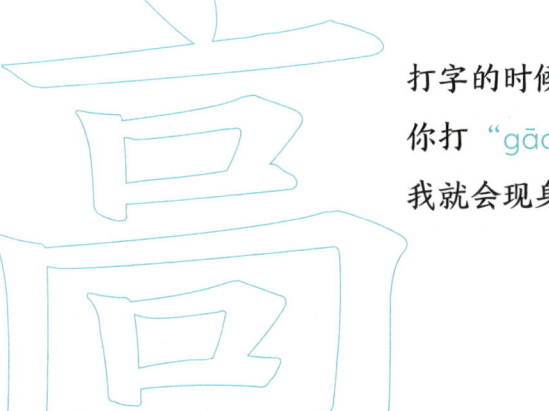

打字的时候，
你打"gāo"，
我就会现身。

我的祖先很酷。它们长这个样子：

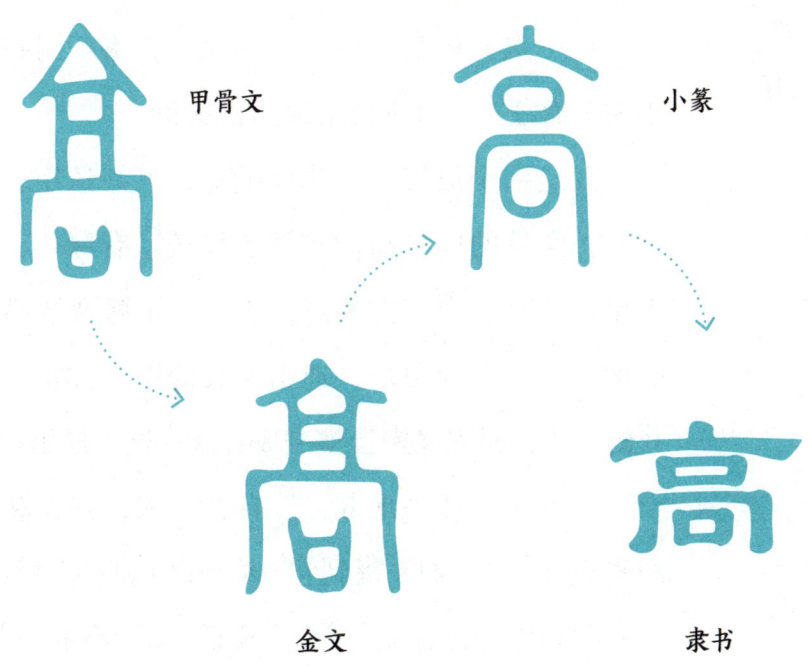

甲骨文　　小篆

金文　　隶书

你看我的甲骨文祖先，下面像不像带有城门的楼台？上面像不像带有楼脊和檐（yán）角的城楼？城楼中间那一横，是不是表示对高处位置的突出和强调？金文祖先身上的城楼，是不是演变成了一个带有瞭望口的城楼？

后来，是不是慢慢演变成了一点一横、一个"口"字和一个"冋（jiōng）"字？

我的故事

我呀，其实就是那个"高"字，最初的意思是高高的城楼，借指离地面之远。

"一点一横长，口字在中央。大嘴不封口，小嘴里面藏。"这则谜语说的就是我。

我是一个形容词，比较抽象，不好造字。古时候，常见的比较高的东西有城楼，有绿树，有大山，还有蓝天。古人想来想去，干脆选取高高的城楼，以它为象形，造出了我的甲骨文祖先。我的甲骨文祖先又慢慢演变成我现在这个样子。

"万丈高楼平地起。"自古以来，我就和楼房密不可分。人们一提到它，总是以"高楼"相称。

我和声音也有关。"高声说话"和"高歌一曲"

里的我，指的都是声音响亮。

一些植物和化学品的名字里也有我。高粱之所以叫"高粱"，是因为它的茎秆比五谷要高出很多。"高锰（měng）酸钾"的"锰"，化合价是"+7"。"锰酸钾"的"锰"，化合价是"+6"。"+7"比"+6"自然要高出一些。

人们喜欢用我来做敬辞。当面问老人的年龄时，要用"高寿"。称赞别人的见解高明时，要用"高见"。夸奖师傅所带的徒弟水平高时，要用"高徒"。

"山不在高，有仙则名。"道理是这个道理，如果山上有仙，山势又高耸（sǒng），仙山会不会更有名？

我还经常被借用为名词。"登高望远"和"居高临下"里的我，意思都是高处。

"自小多才学，平生志气高。"[出自宋·汪洙（zhū）《神童诗》]

"高堂明镜悲白发，朝如青丝暮成雪。"[出自唐·李白《将（qiāng）进酒》]

很多古诗词里都有我的身影。

| 我来造字 |

我们这个家族的汉字，主要和高远有关。

我通常待在我朋友的右边，有时候也跑到其他位置。

因为我是以"高"字的身份做偏旁，所以大家都叫我"高字旁"。

小篆

稿

隶书

我遇到"禾"字，
就变成了"稿"字。

稿是禾秆，高高挺立。《剑南诗稿》，陆游所作。
"稿"原本是"稾"的异体字，现在以"稿"为正体字。

小篆

膏

隶书

遇到肉月旁（月），
就变成了"膏（gāo）"字。

春雨如膏，润泽土地。薄荷牙膏，清新口齿。

小篆

镐

隶书

遇到金字旁（钅），
就变成了"镐"字。

西周国都是镐（hào）京。
尖头铁镐（gǎo）破路面。

小篆

蒿

隶书

遇到草字头（艹），
就变成了"蒿（hāo）"字。

日暖桑麻光似泼，风来蒿艾气如薰（xūn）。

小篆

篙

隶书

遇到竹字头（⺮），
就变成了"篙（gāo）"字。

古寺依烟艇（tǐng），一篙春水深。

同字框

我是同字框。
我长这个样子：

打字的时候，
你打"jiōng"，
我就会现身。

我的祖先很酷。它们长这个样子：

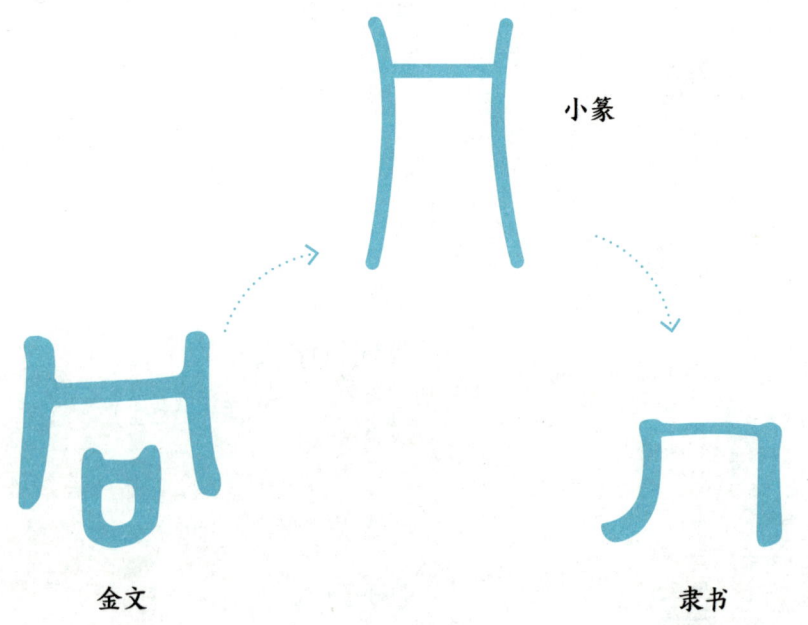

小篆

金文

隶书

你看我的金文祖先，它身上那一横两竖，是不是代表边界？那个"口"字形的笔画，是不是代表城门出口，用来借指国都？小篆祖先是不是只保留了边界形状？

到了我这一辈，是不是最终演变成了一竖和一个横折钩？

我的故事

我呀，其实就是那个"冂（jiōng）"字，最初的意思是离国都最远的界域（yù），也就是远域。

"辞书之祖"《尔雅》里说："邑（yì）外谓之郊（jiāo），郊外谓之牧，牧外谓之野，野外谓之林，林外谓之坰（jiōng）。"我专心做偏旁以后，又分化出了"冋（jiōng）"和"坰"二字，代替我来表达我原来的意思。

古时候，"邑"字既指城市，也指国都和国家。一座城市，又有"城郭"之分。"城"是内城。"郭"是外城。"三里之城，七里之郭。"城郭的比例一般是三比七左右。出城再出郭，就到了邑外，也就是城郊。

与郊外、牧外和野外相比，我属于林外，离

国都的距离最远。我处于两国交界之处，属于边境区域。出了城门之后，还要走很远很远的路，才能到达我所在的区域。

也有人说，我的金文祖先中间那个"口"字代表门口，两侧那两竖代表左右门柱，上面一横代表门扃（jiōng）——从外面关门的门闩（shuān）。他们据此推断，我的意思应该是门扃，"扃"字是由我分化出来的写法。

我和"周""用""甩""丹"等汉字的偏旁极为相似，但我是我，它们是它们，不能混为一谈。它们的祖先可能是密布禾稼（jià）的田地、挑水的木桶或者采丹井什么的，与都界并无关系。

"秋声满杨柳，暮色绕郊坰。"（出自唐·皎然《送崔判官还扬子》）

"尘坌（bèn）不可耐，飘然入林坰。"（出自宋·罗与之《玉梁道中杂咏》）

这些古诗词里的"坰"字，让我感到非常亲切，同时跟着沾染了一番诗意。

我来造字

我们这个家族的汉字，主要和界域有关。

我喜欢把我朋友吞到肚子里，有时候也跑到其他位置。

因为"同"字是我们这个家族的常见字，我是"同"字之框，所以大家都叫我"同字框"。

小篆

亍

隶书

我遇到一横一撇，
就变成了"冇（mǎo）"字。

"冇"是"有"的反义词，意思是没有。

小篆

冈

隶书

遇到一撇一点，
就变成了"冈（gāng）"字。

三碗不过冈，过冈有老虎。
"冈"是"岡"的简化字。

小篆

网

隶书

"冈"字再遇到一撇一点，
就变成了"网"字。

三天打鱼，两天晒网。
"网"是"網"的简化字。

小篆

内

隶书

遇到一撇一点,换个活法,就变成了"内"字。

内行看门道,外行看热闹。

小篆

肉

隶书

"内"字再遇到一撇一点,就变成了"肉"字。

梁山好汉,大块吃肉,大碗喝酒。

小篆

冉

隶书

遇到"土"字，
就变成了"冉（rǎn）"字。

一轮红日冉冉升起。

小篆

冏

隶书

遇到"八"字和"口"字，
就变成了"冏（jiǒng）"字。

冏冏秋月明，"冏冏"用来形容秋月明亮的样子。冏然鸟逝，"冏然"用来形容鸟儿迅疾飞走的样子。"冏"原本是"囧"的异体字，现在以"冏"为正体字。网络兴起后，"囧"字被网民们重新启用，用来形容很尴（gān）尬（gà）、很郁闷或者很无奈的样子。

选自颜真卿书《颜勤礼碑》

雅俱
愍楚仕东
直与
内彦
史省

名帖赏析

《颜勤礼碑》系"楷书四大家"（欧阳询、颜真卿、柳公权、赵孟頫）之一的颜真卿为其曾祖父颜勤礼撰文并书写的神道碑。该碑现存于西安碑林博物馆，笔力遒（qiú）劲（jìng），结体严谨，于拙重之中彰显雄伟端庄之气，充分体现出盛唐审美风尚，是颜真卿晚年楷书力作。

方字旁

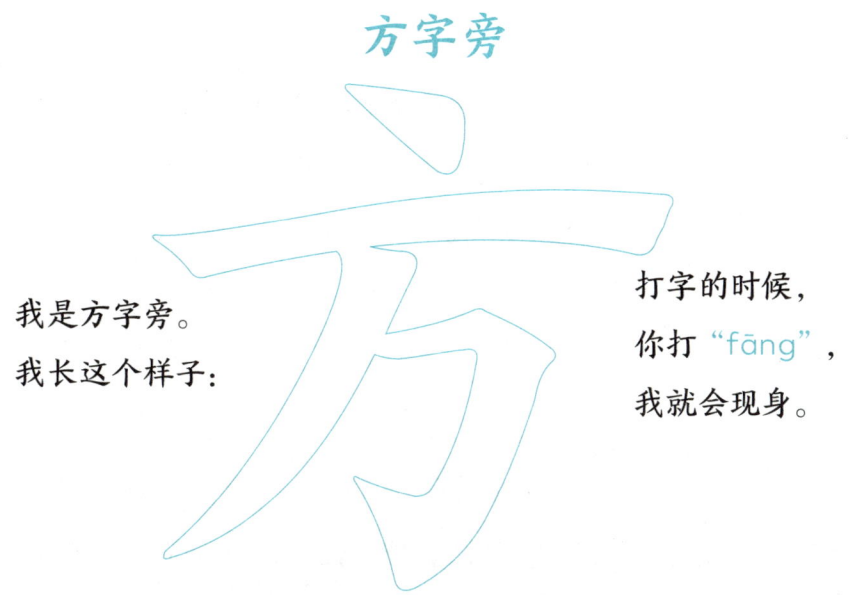

我是方字旁。
我长这个样子：

打字的时候，
你打"fāng"，
我就会现身。

我的祖先很酷。它们长这个样子：

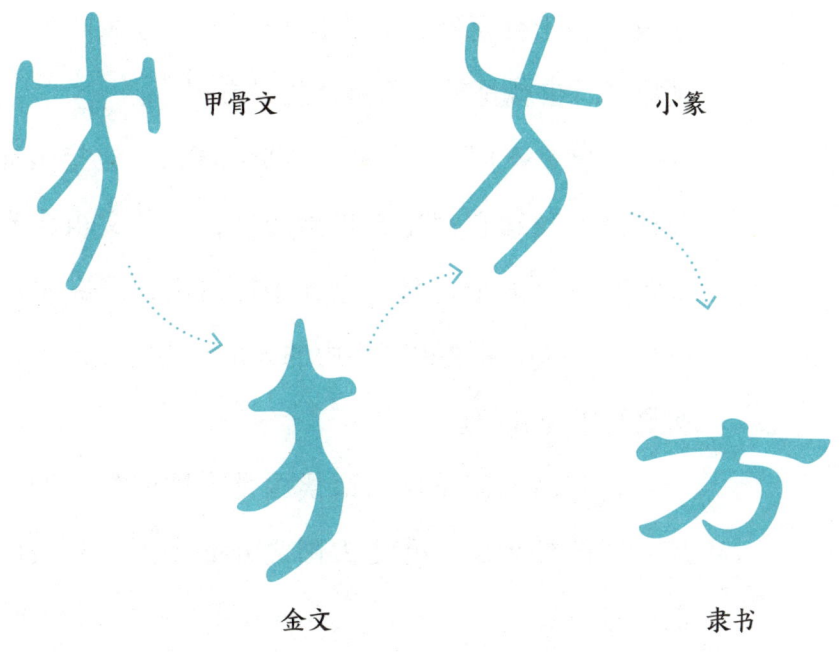

甲骨文　　小篆

金文　　隶书

你看我的甲骨文祖先，是不是由一个人形和一个"冂（jiōng）"字组成？金文祖先身上的"冂"字，是不是省写成了一横？后来，是不是慢慢演变成了一点一横、一个横折钩和一撇？

我的故事

我呀，其实就是那个"方"字，最初的意思是方国，专指中原疆域（yù）以外带有部落性质的国家。

"冂"字最初的意思是离国都最远的界域，也就是远域。我的甲骨文祖先由人形和"冂"字组成，属于会意字，可以解释为地处远域的人口聚居区，也就是带有部落性质的方国。

"邑（yì）"字在古时候既指城市，也指国都和国家。我和它都是人口聚居区，甲骨文祖先当中都有一个人形。只是它在中原以内，我在中原以外。它的甲骨文祖先当中的人形，为跪坐之人，明显是中原礼仪。

我和诸侯国不同。诸侯国是大国中的小国，是大国的分封国。我是大国之外的小国，和大国是并列关系。

夏商周时期，均视远域部落为"方国"，称"方"的外族部落有很多。比如"人方""鬼方""土方"。再比如"我方""危方""丑方"。它们都是中央王朝统治辖（xiá）区之外的方国，散布在中原之外的四方之地。我由此又引申出方向、地方、方形、方正和方法等多种意思。

我经常被借用为副词，相当于"才"和"正"。"书到用时方恨少"，是说书中的知识等到用到之时，才后悔自己学得太少。"来日方长"即是来日正长。"方兴未艾"是说事物正在兴起，尚未终止。

我的本职工作就是"方"，不"方"就不成形。

我一会儿变成"长方形"，一会儿变成"正方形"。

我总是想尽"千方百计"，努力走向"四面八方"。

"良友远别离，各在天一方。"（出自汉·佚名《别诗》）

"月生方见树，风定始无沙。"（出自唐·裴说《塞上曲》）

很多古诗词里都有我的身影。

我来造字

我们这个家族的汉字，主要和地方有关。

我通常待在我朋友的右边，有时候也跑到其他位置。

因为我是以"方"字的身份做偏旁，所以大家都叫我"方字旁"。

坊
小篆

坊
隶书

我遇到"土"字，
就变成了"坊"字。

染坊、油坊和磨坊都是作坊，
都读"fáng"。书坊和牌坊，
都读"fāng"。街坊读"fang"。

防
小篆

防
隶书

遇到左耳旁（阝），
就变成了"防"字。

加固堤防，小心防备。

邡
小篆

邡
隶书

遇到右耳旁（阝），
就变成了"邡"字。

四川有个什(shí)邡(fāng)市。

小篆

仿

隶书

遇到单人旁（亻），
就变成了"仿"字。

"千"字少一横，"万"字多一点，模仿得很逼真。

小篆

舫

隶书

遇到"舟"字，
就变成了"舫（fǎng）"字。

画舫是装饰如画的游船。石舫是建于水边的船形建筑。

小篆

芳

隶书

遇到草字头（艹），
就变成了"芳"字。

贾宝玉的通灵宝玉上刻着"莫失莫忘，仙寿恒昌"。薛宝钗的璎（yīng）珞（luò）金锁上刻着"不离不弃，芳龄永继"。

田字旁

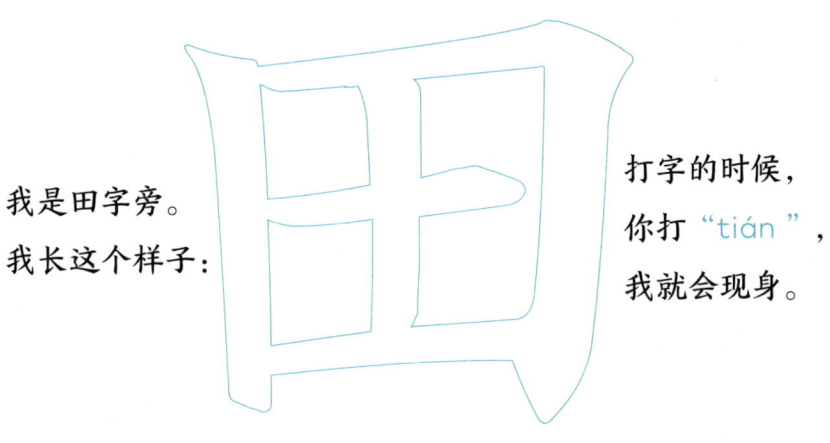

我是田字旁。
我长这个样子：

打字的时候，
你打"tián"，
我就会现身。

我的祖先很酷。它们长这个样子：

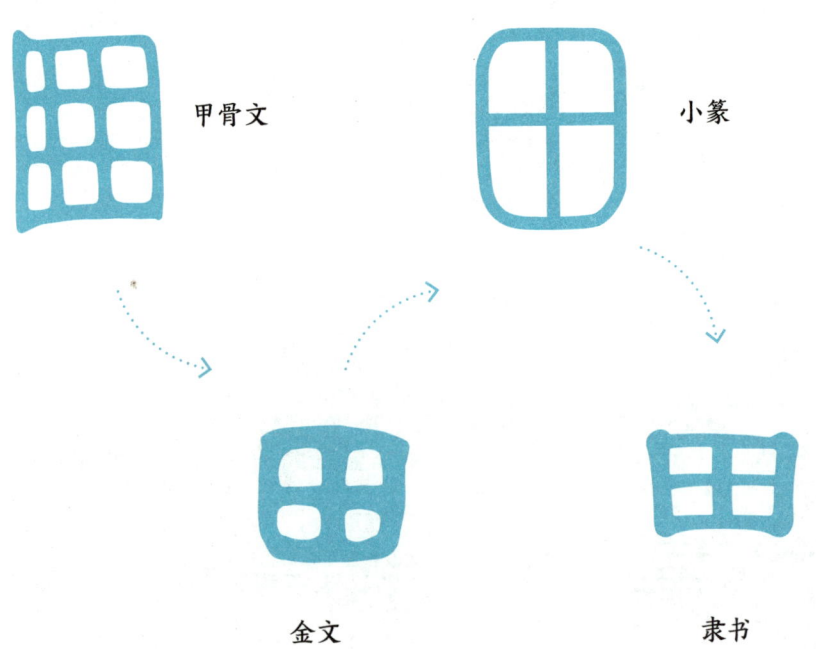

甲骨文　　小篆

金文　　隶书

你看我的甲骨文祖先,像不像古代的猎场?外边那个方框形的笔画,是不是表示围猎的范围?里面那个"井"字形的笔画,是不是代表纵横交错的道路?金文祖先身上的道路,是不是省写成了一个"十"字?

后来,是不是慢慢演变成了一竖、一个横折、一横一竖和另外一横?

我的故事

我呀,其实就是那个"田"字,最初的意思是猎场,以此借指围猎,也就是田猎,泛指打猎。

《诗经》里说:"叔于田,乘(chéng)乘(shèng)马。"

《左传》里说:"冬十二月,齐侯游于姑棼(fén),遂田于贝丘。"

西汉淮南王刘安编著的《淮南子》里说:"焚(fén)林而田,竭泽而渔。"

我在这些句子里的意思,都是打猎。

旧石器时代,人们主要靠采集植物果实和捕鱼打猎为生。一个人的力量有限,捕到猎物的机会很少。为了捕获更多的猎物,集体的围猎活动开始兴起。作为"田猎"之"田"的我,也随之出现。

新石器时代，人们广泛种植农作物，很多猎场被开垦，转化为耕地。我开始被古人用来借指耕地。久而久之，我成了耕地的代名词，变成了"田地"之"田"。人们另造一个"畋（tián）"字，代替我来表达打猎这层意思。"畋"字同时还含有平整田地和耕种田地的意思。"宅尔宅，畋尔田"，意思是说，住在你们的住宅里，耕种你们的田地。

由于人们将野兽驯（xùn）化，作为家畜圈（juàn）养，有了相对稳定的肉食来源，围猎活动慢慢减少。不过，原先那种大型围猎活动并没有消失，而是作为一种"习兵之礼"，在各个国家延续下来。

西周时期，就专门设有"掌四时之田"的"甸（diàn）祝"一职，负责春夏秋冬四季的习兵之礼。

《春秋左氏传·隐公五年》里说："故春蒐（sōu）、夏苗、秋狝（xiǎn）、冬狩（shòu），皆于农隙以讲事也。"

元末明初小说家罗贯中所著的《三国演义》里说："古之帝王，春蒐夏苗，秋狝冬狩，四时出郊，以示武于天下。今四海扰攘（rǎng）之时，正当借田猎以讲武。"

从这些文字里可以看出，当时的田猎共有四种形式：春蒐、夏苗、秋狝、冬狩。

各个国家的天子诸侯，经常在不同的季节开展围猎活动。这种活动不再是单纯的打猎，而是变为以打猎形式举行的军事演习。同时，也有减少鸟兽侵害，保护农田的作用。

古诗"莲叶何田田"里的我，是用来形容莲叶茂盛的样子。我不知道古人为什么连用两个我来形容莲叶茂盛，具体原因似乎已难考证。

如今的我，既是种植庄稼的"耕田"，也是钻探石油的"油田"，开采煤炭的"煤田"，滋生各种念想的"心田"。

"高田如楼梯，平田如棋局。"（出自明·杨慎《出郊》）

"乡村四月闲人少，才了蚕桑又插田。"（出自宋·翁卷《乡村四月》）

很多古诗词里都有我的身影。

我来造字

我们这个家族的汉字，主要和田地有关。

我通常待在我朋友的左边，有时候也跑到其他位置。

因为我是以"田"字的身份做偏旁，所以大家都叫我"**田字旁**"。

佃
小篆

佃
隶书

我遇到单人旁（亻），
就变成了"佃（diàn）"字。

佃户租种地主的田地。

田
小篆

界
隶书

遇到"介"字，
就变成了"界"字。

以河为界，界限分明。

畦
小篆

畦
隶书

遇到"圭（guī）"字，
就变成了"畦（qí）"字。

一畦黄瓜，两个畦头，两条畦边。

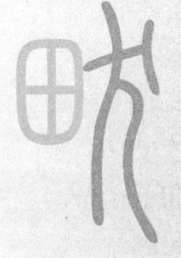

畎
小篆

畎
隶书

遇到"犬"字，
就变成了"畎（quǎn）"字。

畎和亩分别指垄（lǒng）沟和田垄。畎亩借指田地。

罗字头

我是罗字头。
我长这个样子：

打字的时候，
你打"wǎng"，
我就会现身。

我的祖先很酷。它们长这个样子：

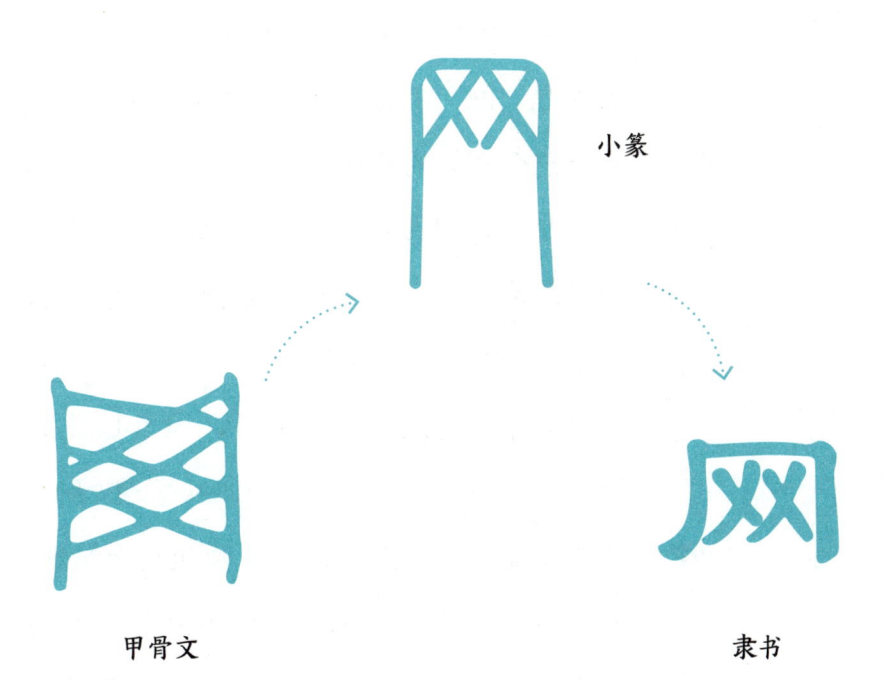

小篆

甲骨文

隶书

你看我的甲骨文祖先,像不像张开的捕捉动物的网具?左右那两竖,是不是代表木棍支架?中间那些交错的笔画,是不是代表丝绳结成的网眼?

到了我这一辈,是不是最终演变成了一竖、一个横折和两竖一横?

我的故事

我呀,其实就是那个"网"字,是它分化出来的写法,最初的意思是用丝绳结成的网具。

我既然是"网"字的变体,自然也属于网族,很了解自己这个家族的特性。

"网"是各种网具的总称。细分起来,"罗"是捕捉飞鸟之网,"罠(mín)"是捕捉走兽之网,"罟(gǔ)"是捕捉游鱼之网。

《说文解字》里说"网"字"从冖(mì)","下象网交文"。网具具有兜(dōu)头蒙覆(fù)动物的作用。说"网"字"从冖",倒也符合情理。

也有人说"网"字"从冂(jiōng)",是用外框来代表渔网边沿,表示三面封闭,有进口而无出口。

有一段时期,"网"还演变成了"罔(wǎng)"字的模样。

"罔"是一个形声字,以"亡(wáng)"为声旁。"亡"又是"无"的通假字。"罔"字因而经常被假借,用来表示无和没有的意思。"罔水行舟""药石罔效""置若罔闻",都是这种用法。

久而久之,人们另造一个"網(wǎng)"字,代替"罔"来表达网具这层意思。

汉字简化的时候,"網"字又恢复成了最初的"网"字形状。

人们习惯用"网"字来比喻网状事物。"蜘蛛网""铁丝网""电网",都是这种用法。

"网"字还含有张网捕捉的意思。"网鱼"和"网鸟",就都含有这层意思。

"心似双丝网,中有千千结。"[出自宋·张先《千秋岁(数声鶗鴂)》]

"白鸟窥(kuī)鱼网,青帘认酒家。"(出自唐·郑谷《旅寓洛南村舍》)

这些古诗词里的"网"字,让我感到非常亲切,同时跟着沾染了一番诗意。

我来造字

我们这个家族的汉字,主要和网具有关。

我总是待在我朋友的头上。

因为"罗"字是我们这个家族的常见字,我是"罗"字之头,所以大家都叫我"罗字头"。

小篆

罩

隶书

我遇到"卓(zhuó)"字,就变成了"罩"字。

罩住一只小鸟。

小篆

罾

隶书

遇到"曾"字,就变成了"罾(zēng)"字。

罾蹦鲤鱼,是一道名菜。先炸后熘(liū)的带鳞(lín)鲤鱼,做熟后曲身摆尾,游立于盘面,势如收罾时在罾网中挣扎蹦跃的活鱼。

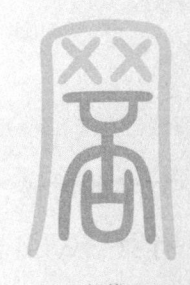

小篆

罘
隶书

遇到"不"字，
就变成了"罘（fú）"字。

烟台芝罘，最早的时候叫"之罘"，因境内有之罘山而得名。

小篆

罢
隶书

遇到"去"字，
就变成了"罢"字。

事已至此，欲罢不能。
"罢"是"罷"的简化字。"能"即"熊"。熊入网中，挣扎一番，疲（pí）劳困顿，只能作罢。

文字旁

我是文字旁。
我长这个样子：

打字的时候，
你打"wén"，
我就会现身。

我的祖先很酷。它们长这个样子：

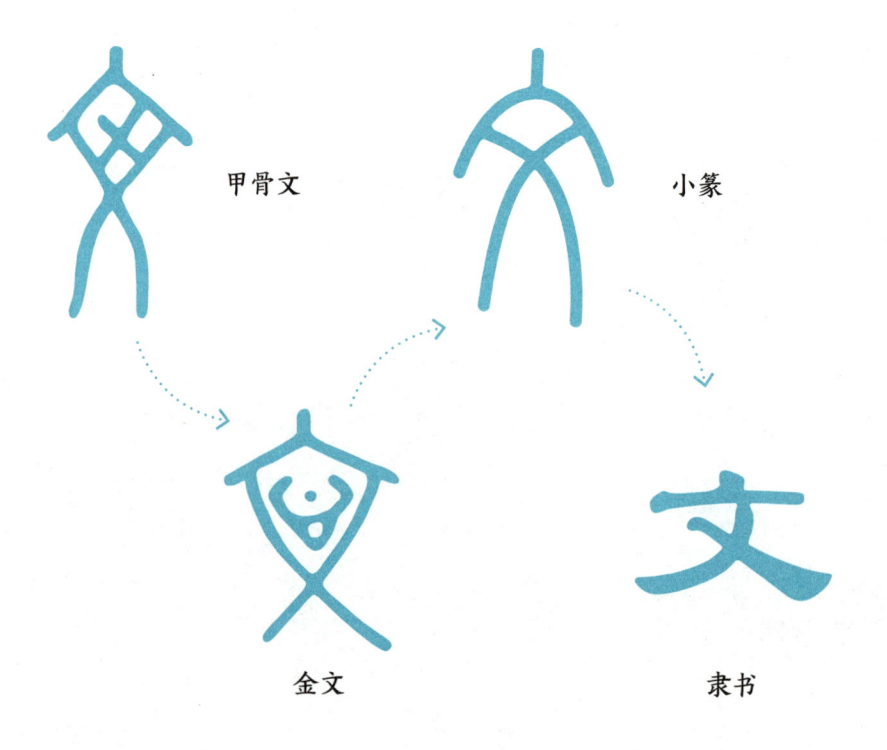

甲骨文

小篆

金文

隶书

你看我的甲骨文祖先，笔画相互交错，像不像刻在龟甲兽骨上的象形字？金文祖先身上那个心形图案，是不是体现了语言文字和内心意识的关联？

后来，是不是慢慢演变成了一点一横和一撇一捺？

我的故事

我呀，其实就是那个"文"字，最初的意思是象形字，泛指文字。

也有人说，我的甲骨文祖先像一个人叉腿站在那里，展示刺在胸部的花纹。我最初的意思应该是文身。因为我和象形字都有笔画相互交错的特点，所以用我来借指文字。

我和"字"合称为"文字"。我们是人类表情达意的符号，可以用来记事留言、传递信息和交流感情。

许慎先生曰："仓颉（jié）之初作书也，盖依类象形，故谓之文。其后形声相益，即谓之字。"他所著的《说文解字》，"说"的就是我，"解"的就是字。

古时候的我，指的是象形字，属于独体字，可说不可解。也就是说，可以说我像什么，用像什么来解释我，但是不能把我分解成形旁和声旁来解释。

"字"指的则是形旁和声旁相加组成的合体字，可解不可说。也就是说，可以把它分解成形旁和声旁来解释，但是不好说它像什么，不方便用像什么来解释它。

我和"章"字可以组成"文章"一词。写文章，能表达自己的想法。读文章，能学到很多知识。

我和"化"字可以组成"文化"一词，和"明"字可以组成"文明"一词。人人都想学好文化，做个文明人，为社会创造更多的物质财富和精神财富。

"文章本天成，妙手偶得之。"（出自宋·陆游《文章》）

"细响鸣林叶，圆文破沼萍。"（出自唐·温庭筠《秋雨》）

很多古诗词里都有我的身影。

我来造字

我们这个家族的汉字，主要和花纹有关，和文采有关。

我通常待在我朋友的右边或者头上，有时候也跑到其他位置。

因为我是以"文"字的身份做偏旁，所以大家都叫我"**文字旁**"。

小篆

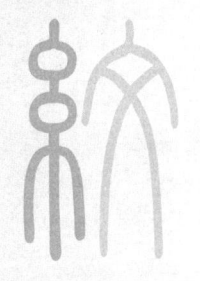

纹

隶书

我遇到绞丝旁（纟），
就变成了"纹"字。

所有的花纹都各守其位，纹丝不动。

小篆

汶

隶书

遇到三点水（氵），
就变成了"汶（wèn）"字。

汶河在山东，汶川在四川。

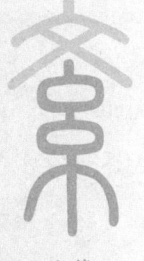

小篆

紊

隶书

遇到紧字底（糸），
就变成了"紊（wěn）"字。

有条不紊。

小篆

斐

隶书

遇到"非"字,
就变成了"斐(fěi)"字。

文采斐然。

小篆

雯

隶书

遇到"雨"字,
就变成了"雯(wén)"字。

月华如水,雯华若锦。雯是云身上的花纹,也指呈花纹状的云彩。

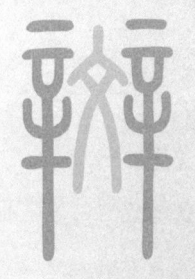

小篆

斑

隶书

遇到"玨(jué)"字,
就变成了"斑"字。

画中斑马五彩斑斓(lán),墙角斑竹疏影斑驳(bó)。

十字旁

我是十字旁。
我长这个样子：

十

打字的时候，
你打"shí"，
我就会现身。

我的祖先很酷。它们长这个样子：

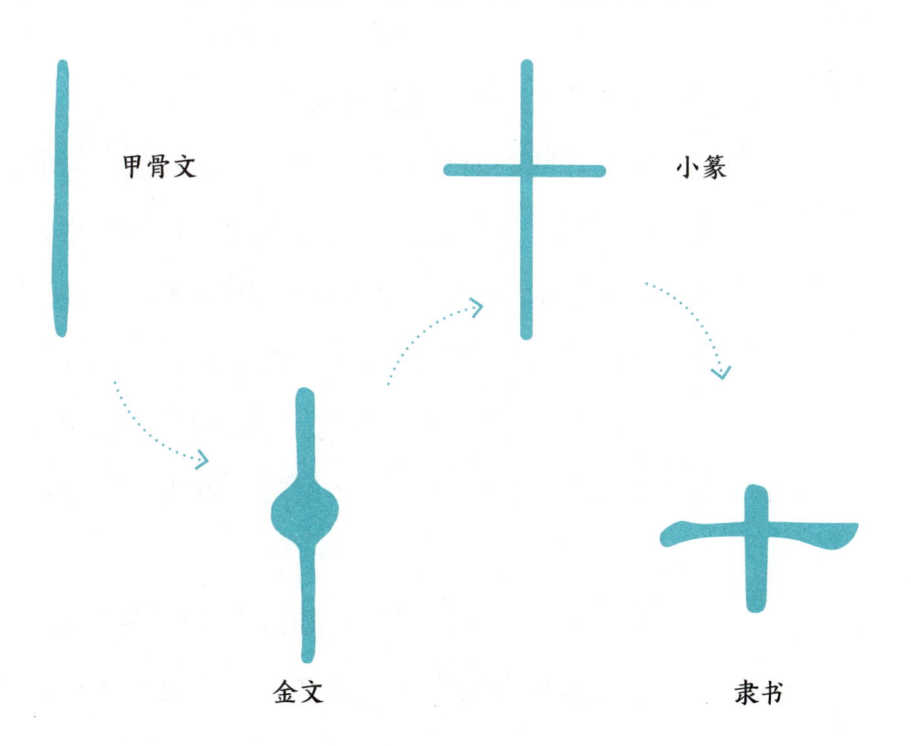

甲骨文

小篆

金文

隶书

你看我的甲骨文祖先，像不像是一竖？这一竖是不是用来表示数目十？金文祖先的身上，是不是增加了一点？

后来，是不是慢慢演变成了一横一竖？

我的故事

我呀，其实就是那个"十"字，最初的意思是数目十，也就是九加一之和。

最早的时候，古人用一横表示数目一，用一竖表示数目十。这一竖就是我。

古人计数的时候，肯定动了一番脑筋。他们从一数到九，再数到我后，就拿起一根小木棍，竖放在地上或者握在手里，用这根竖棍来表示我。然后按照"十进制"的规则，再从一数起，开始一个新的循（xún）环。数到二十的时候，就用两根竖棍来表示。数到三十的时候，就用三根竖棍来表示。

古时候，还有个"丨（gǔn）"字。它看起来形似一根竖起来的木棍，最初的意思也是木棍。

为了和它相区分,人们在我的金文祖先身上增加了一点。后来,这一点又演变成了一横。

也有人说,我可能是古人结绳计数的遗存。我的祖先看起来像结绳计数的绳子,中间那一点或者一横代表的是绳结。一个绳结表示数目十,两个绳结就是二十。

我是一个很受欢迎的数字。大家组织开展各种评选活动的时候,总喜欢往我身上靠。像"十大杰出青年"和"十大好书"之类的评选活动,如果凑不够我这个数目,感觉就不够大气似的。

因为我是一个循环的终点,所以还引申为完备、齐全和极致等意思。"十全十美""十分努力""成色十足",就都含有这层意思。

两条道路垂直相交的时候,形状特别像我。此处是不同道路和不同方向的交集点,人们习惯称之为"十字路口"。站在"十字路口"的人,自然会面临着选择哪条道路和向哪个方向前行的问题。

"春风十里扬州路,卷上珠帘总不如。"(出自唐·杜牧《赠别二首》)

"十指不沾泥,鳞鳞(lín)居大厦(shà)。"(出自宋·梅尧臣《陶者》)

很多古诗词里都有我的身影。

我来造字

我们这个家族的汉字，主要和数字有关，和众多有关。

我通常待在我朋友的头上或者脚下，有时候也跑到其他位置。

因为我是以"十"字的身份做偏旁，所以大家都叫我"十字旁"。

小篆

千

隶书

我遇到一撇，
就变成了"千"字。

骑着一匹千里马，于千万人中遇见你。

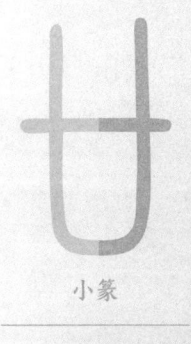

小篆

廿

隶书

遇到我弟弟，
握握手，碰碰脚，
就变成了"廿（niàn）"字。

廿四桥就是二十四桥。此桥位于扬州，因古时曾有二十四位美人在此吹箫而得名。

卅
小篆

卅
隶书

遇到我弟弟和我妹妹,
就变成了"卅(sà)"字。

五卅运动发生在五月三十日。

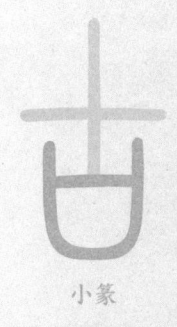

古
小篆

古
隶书

遇到"口"字,
就变成了"古"字。

和古人交朋友。

卖
小篆

卖
隶书

遇到"买"字,
就变成了"卖"字。

买入卖出,买卖公平。
"卖"是"賣"的简化字。

小篆

什

隶书

遇到单人旁（亻），
就变成了"什"字。

平时总爱问个为什（shén）么，
还想吃块什（shí）锦糖。

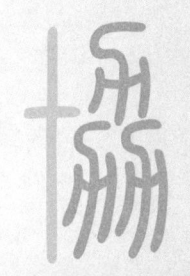

小篆

协

隶书

遇到"办"字，
就变成了"协（xié）"字。

困难面前不妥协，齐心协力战胜它。
"协"是"協"的简化字。

私字旁

我是私字旁。
我长这个样子：

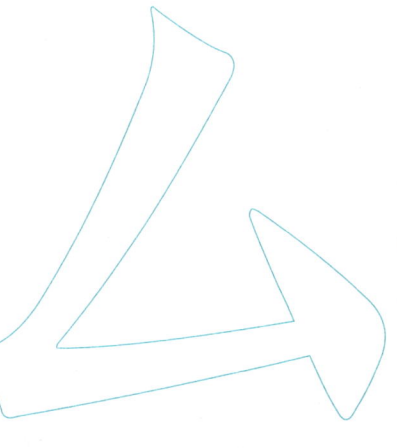

厶

打字的时候，
你打"sī"，
我就会现身。

我的祖先很酷。它们长这个样子：

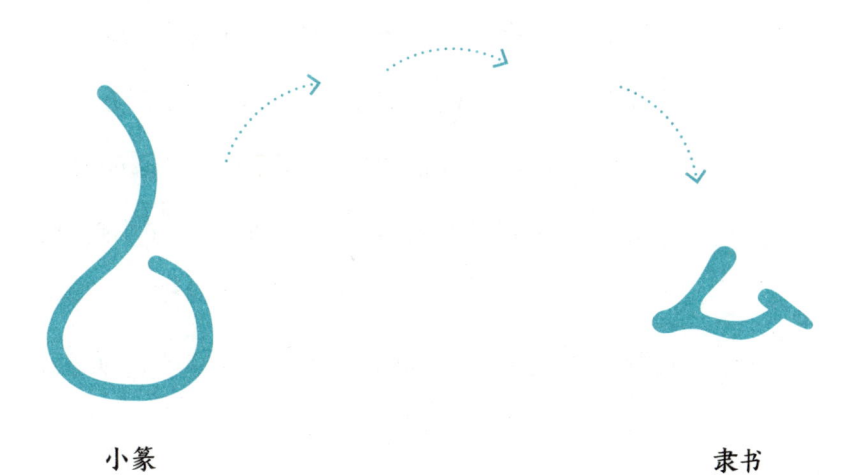

小篆　　　　　　　　　　隶书

你看我的小篆祖先，像不像倒立腹中，不知模样、不知性别的胎儿？

到了我这一辈，是不是最终演变成了一个撇折和一点？

我的故事

我呀，其实就是那个"私"字，是它最早的写法，最初的意思是母腹中不知其详的胎儿，引申为隐私、自私和私下等意思。

也有人说，我的小篆祖先形似手臂自环一周，看起来像是胳膊肘朝里拐。自环、自营等意思，即是由此引申而来。

我与"公"字相对，素有"大公无私"和"公私分明"之说。我们之间的关系向来难以处理。"公而忘私"或者"私而忘公"，都会失之偏颇（pō）。如果能够做到"公私兼顾"，那是再好不过。

每个人都有自己的私人领地。我私下里提醒大家，一定要保护好自己的私有财产，防止被小人侵占。

另外，好奇心也不能太强，不要随便打听别人的隐私。互相尊重就是最好的保护，最大的安全。

"春归杨柳无私意,深浅青黄自不同。"(出自宋·陈郁《城东看柳》)

"江山有恨英雄老,天地无私草木春。"(出自宋·陈纪《甲辰元日》)

这些古诗词里的"私"字,让我感到非常亲切,同时跟着沾染了一番诗意。

我来造字

我们这个家族的汉字,主要和自私有关,和隐私有关。

我通常待在我朋友的头上,有时候也跑到其他位置。

因为"私"字是我们这个家族的常见字,我是"私"字的偏旁,所以大家都叫我"私字旁"。

小篆

允

隶书

我遇到"儿"字,就变成了"允"字。

允恭(gōng)克让,诚实、恭敬,能够谦让。

小篆

台
隶书

遇到"口"字，
就变成了"台"字。

南朝四百八十寺，多少楼台烟雨中。
"台"是"臺"的简化字。

小篆

参
隶书

遇到"大"字和三撇儿（彡），
就变成了"参"字。

参（cān）天大树下冒出一个人参（shēn）娃娃。
"参"是"參"的简化字。

小篆

去

隶书

遇到"土"字,
就变成了"去"字。

一去二三里,烟村四五家。

小篆

丢

隶书

"去"字再遇到一撇,
就变成了"丢"字。

一不小心走丢了,一去不还。

小篆

垒
隶书

我找来我弟弟和我妹妹,
组团再去会"土"字,
就变成了"垒(lěi)"字。

垒起七星灶,铜壶煮三江。
"垒"是"壘"的简化字。

小篆

县
隶书

遇到"且"字,
就变成了"县"字。

县官不如现管。
"县"是"縣"的简化字。

小篆

云
隶书

遇到"二"字,
就变成了"云"字。

云淡风轻。
"云"是"雲"的简化字。

选自赵孟頫书《杭州福神观记》

宫自孤山徙焉
学道修真之士
巾屦云会顾褊
隘不能容迺购

名帖赏析

《杭州福神观（guàn）记》由"楷书四大家"（欧阳询、颜真卿、柳公权、赵孟頫）之一的赵孟頫（fǔ）书丹并篆额。该碑现已佚（yì）失，唯此墨迹存世，其笔法圆熟，结体严整，书风遒（qiú）媚，充分展现出"赵体"书法艺术特色。

儿字旁

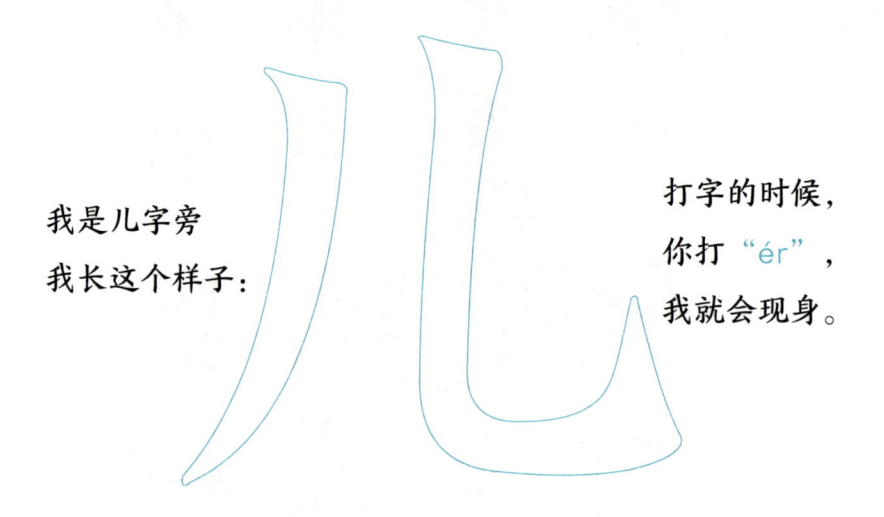

我是儿字旁
我长这个样子：

打字的时候，你打"ér"，我就会现身。

我的祖先很酷。它们长这个样子：

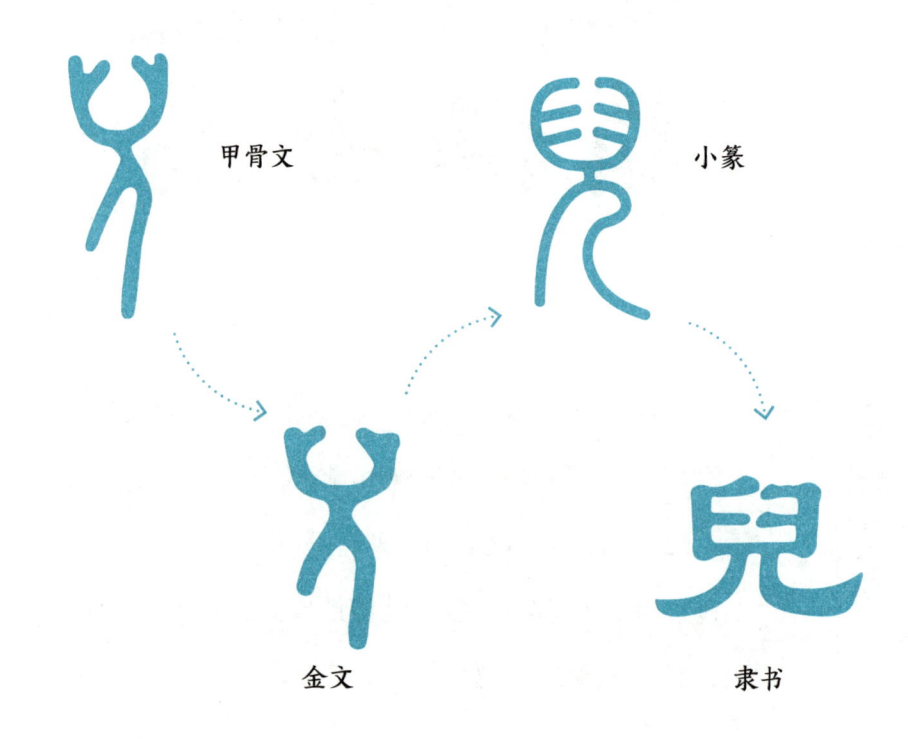

甲骨文

小篆

金文

隶书

你看我的甲骨文祖先，像不像头囟（xìn）门还没有闭合的小孩？

后来，上边的头部是不是慢慢演变成了一个"臼（jiù）"字？下边的人形是不是演变成了一撇和一个竖弯钩？

我的故事

我呀，其实就是那个"儿"字，是"兒（ér）"的简化写法，最初的意思是小孩。

最早的时候，我的意思是人，读音为"rén"，相当于"人"字的另外一种写法。"人"字在其他汉字左边做偏旁时，是单人旁（亻）。到其他汉字脚下做偏旁时，就变成了我现在这个样子。

我因为处于别人的脚下，所以显得体形弯曲，不像"人"字或者单人旁（亻）那样舒展自如。

后来，"兒"字简化成我现在这个样子，"ér"的读音渐渐盛行。我原来的意思开始少有人知，"rén"这个读音也渐渐被大家所忘却。

古时候，男孩和女孩各有各的称呼。我是男孩，婴是女孩。后来，我们组成"婴儿"一词，泛指初生的孩儿。

我和"子"字可以组成"儿子"一词。父母所生，非儿即女。"儿女"即"子女",指的是儿子和女儿。"儿媳妇"即是儿子的媳妇。

"儿皇帝"指的则是五代十国时期,后晋的开国皇帝石敬瑭。他以割让幽云十六州为条件,换取契(qì)丹皇帝耶律德光的援助,从而灭掉后唐,建立了后晋。他自称为"儿皇帝",称比自己小十岁的耶律德光为"父皇帝"。元朝名儒郝(hǎo)经在《白沟行》一诗里评价他说:"称臣呼父古所无,万古诸华有遗臭。"

我还有一个特别的用法,跟在名词后面,用来表示小而可爱的意思。"孩儿""花儿""猫儿",都是这种用法。

"最喜小儿亡(wú)赖,溪头卧剥莲蓬。"(出自宋·辛弃疾《清平乐·村居》)

"鹅儿唼(shà)嫩草,燕子集新泥。"[出自宋·卢祖皋(gāo)《闲行》]

很多古诗词里都有我的身影。

我来造字

我们这个家族的汉字,主要和人有关。

我通常待在我朋友的脚下,有时候也跑到其他位置。

因为我是以"儿"字的身份做偏旁,所以大家都叫我"儿字旁"。

小篆

兀 隶书

我遇到"一"字,
就变成了"兀（wù）"字。

山石高高突起，兀然而立。

小篆

元 隶书

我遇到"二"字,
就变成了"元"字。

我有一元钱，买支老冰棍，献给大元帅。

小篆

兄 隶书

遇到"口"字,
就变成了"兄"字。

四海之内皆兄弟。

小篆

竞
隶书

"兄"字再遇到"立"字，就变成了"竞"字。

人竞走，鸟竞鸣，万类霜天竞自由。
"竞"是"競"的简化字。"競"是二人前后相随，互相争逐。

小篆

先
隶书

遇到一撇一横和一竖一横，就变成了"先"字。

春江水暖鸭先知。

小篆

见
隶书

遇到一竖和一个横折，就变成了"见"字。

百闻不如一见（jiàn）。图穷匕首见（xiàn）。

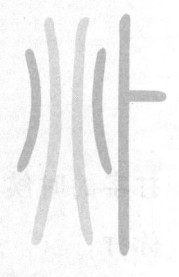

遇到一点一提和一撇一点，就变成了"兆"字。

瑞雪兆丰年。"兆"是占卜时龟甲上出现的裂纹，引申为预兆和预示等意思。

小篆

兆

隶书

遇到一横一竖和"口"字就变成了"克"字。

我克服重重困难，养了一头克隆（lóng）羊。

小篆

克

隶书

遇到"凹（āo）"字，就变成了"兕"字。

犀（xī）兕（sì）虎豹齐出动。

小篆

兕

隶书

子字旁

我是子字旁
我长这个样子：

子

打字的时候，
你打"zǐ"，
我就会现身。

我的祖先很酷。它们长这个样子：

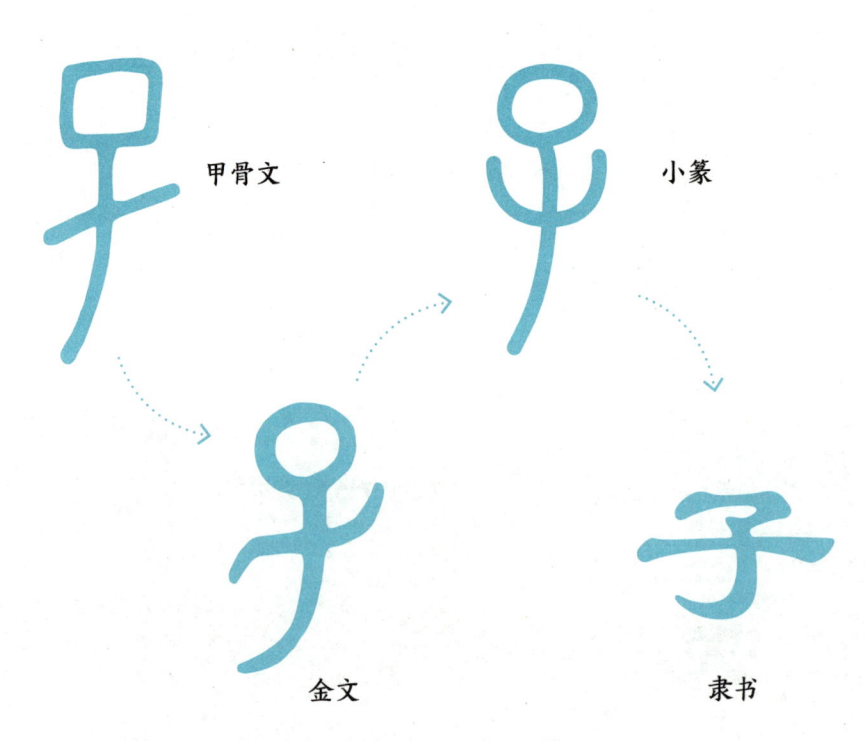

甲骨文

小篆

金文

隶书

你看我的甲骨文祖先，像不像两手在外，身体裹在襁（qiǎng）褓（bǎo）中的婴儿？

后来，头部是不是慢慢演变成了一个横钩？身子是不是演变成了一个竖钩？两臂是不是演变成了一横？

我的故事

我呀，其实就是那个"子"字，最初的意思是婴儿。

《道德经》里说："沌沌（dùn）兮，如婴儿之未孩。"我的状态就是混混沌沌，纯真无邪（xié）。当我从婴儿长成小孩子以后，自我意识渐渐增强，各种想法也开始多了起来。

古时候，我还是人们对有学问、有道德之人的尊称，意思类似于后来的"先生"。"老子""孔子""墨子""韩非子"，这些称呼就都是尊称。先秦时期，诸多先哲如同雨后春笋（sǔn），纷纷涌现，成为各类学术流派的代表人物。后人将这些代表人物和流派，统称为"诸子百家"。

古人也经常用我来称呼自己的老师。我因而还含有老师的意思。比如墨翟（dí），他姓墨，世人尊称他为"墨子"，他的弟子称他为"子墨子"。列御寇（kòu）姓列，世人尊称他为"列子"，他的弟子称他为"子列子"。

"亲生子女"里的我，指的是儿子。

"松子""莲子""石榴子"里的我，指的则是植物种子。

我是"十二地支"之首，对应着"十二时辰"之一的子时。

子时是"十二时辰"当中的第一个时辰，指夜里十一点到一点这个时段，相当于深夜时分。它还有"子夜""夜半""中夜""午夜""未央"等多种叫法。

"姑苏城外寒山寺，夜半钟声到客船"，写的就是这个时段的情景。

我还有一个读音为"zi"，属于轻声。"孩子""桌子""胖子""珠子"里的我，都是这个读音。

"桂子月中落，天香云外飘。"（出自唐·宋之问《灵隐寺》）

"莲罢池收子，榴成露罅（xià）房。"（出自宋·宋祁《秋日四首》）

很多古诗词里都有我的身影。

| 我来造字 |

我们这个家族的汉字，主要和孩子有关。

我通常待在我朋友的左边或者下边，有时候也跑到其他位置。

因为我是以"子"字的身份做偏旁，所以大家都叫我"子字旁"。

孕
小篆

孕
隶书

我遇到"乃"字，
就变成了"孕（yùn）"字。

大地孕育万物。春天孕满生机。

孖
小篆

孖
隶书

遇到我弟弟，
就变成了"孖（zī）"字。

孖为双生子。

小篆 嬬

隶书 嬬

遇到"需"字,
就变成了"嬬(rú)"字。

俯首甘为孺子牛。

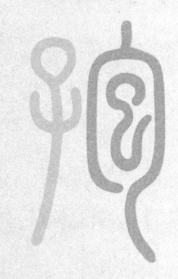

小篆 孢

隶书 孢

遇到"包"字,
就变成了"孢(bāo)"字。

孢子植物不开花、不结果,用孢子繁殖。

小篆 字

隶书 字

遇到宝盖儿(宀),
就变成了"字"字。

他喜欢收藏字画,有个姐姐待字闺(guī)中。

巳字旁

我是巳（sì）字旁。
我长这个样子：

打字的时候，
你打"sì"，
我就会现身。

我的祖先很酷。它们长这个样子：

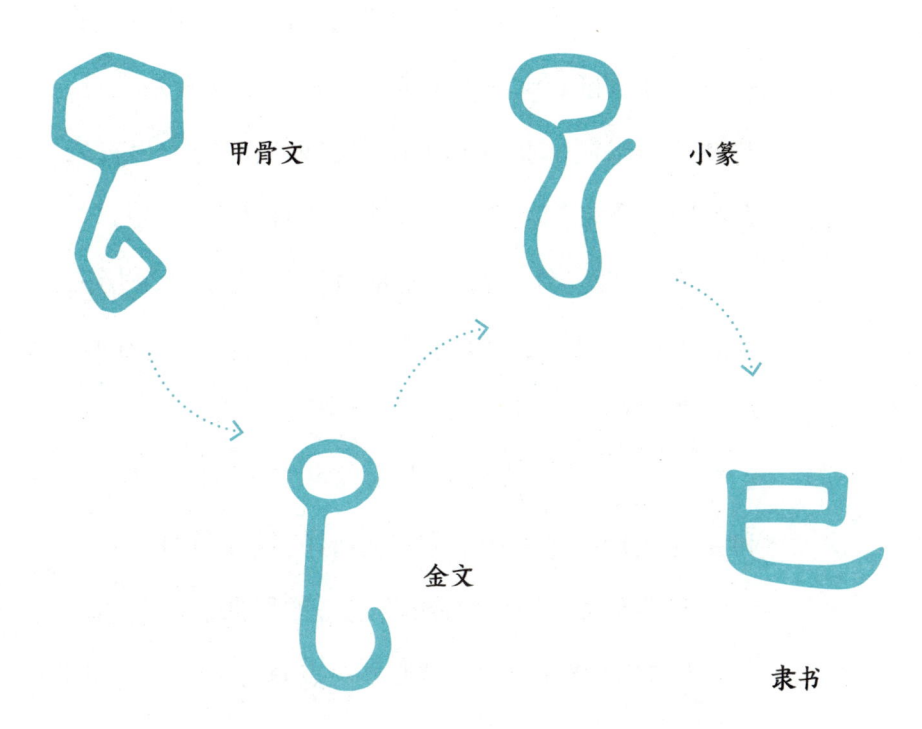

甲骨文

小篆

金文

隶书

你看我的甲骨文祖先，像不像母腹中尚未成熟的胎儿？
后来，是不是慢慢演变成了一个横折、一横和一个竖弯钩？

我的故事

我呀，其实就是那个"巳"字，最初的意思是胎儿。

因为我被假借为"地支"，主要用来纪年、纪月、纪日和纪时，所以胎儿这层意思渐渐被人们所忘却。

《说文解字》里说我是"已也"。"已"就是"已经"的意思。按照许慎先生的说法，我对应着夏历四月。此时阳气已出，阴气已藏，万物开始现身，蛇类已经出洞。我看起来像弯曲垂尾的蛇形，古人因此选择我来代表四月。这个月因而也叫"巳月"。

古有"三月上巳，九月重阳"之说。夏历三月的第一个巳日，为上巳节。人们纷纷到河边春游、沐浴和宴饮，以期祛（qū）邪除灾。

后来，这个节日固定为每年的三月三日。它和九月九日的重阳节，都是当时的重要节日。

我对应着"十二时辰"之一的巳时。

巳时是指上午九点到十一点这个时间段，即

临近中午的时候，也叫"日禺（yú）"和"隅（yú）中"。

巳时是蛇最活跃的时候。它们开始爬出洞来晒太阳。人们习惯将"十二生肖"之蛇称为"巳蛇"。

我和"己""已"二字长得很像。我们在字形上的区别，完全体现在开口程度上。"己开已半巳封口。"记住这句话，你就记住了我们在字形上的区别。

我和"已"字同源。"已"字和我一样，都形似胎儿。我头部朝上，尚未发育成熟。它头部朝下，已经发育成熟，即将出生。

后来，我被假借为地支，位列"十二地支"之六。"已"字因为是已经发育成熟的胎儿，所以又引申为已经和停止等意思。

"己"字则像弯弯曲曲的绳索，最初的意思是绳子。后来，它被假借为天干，位列"十天干"之六。同时，它也被假借为代词，用来表示自己。

"佳节上元巳，芳时属暮春。"（出自唐·李适《三日书怀因示百僚》）

"巳月不杀蛇，昔贤有遗告。"[出自宋·张耒（lěi）《所居堂后北篱下获二蛇》]

很多古诗词里都有我的身影。

|我来造字|

我们这个家族的汉字，主要和婴儿有关，和蛇类有关。

我通常待在我朋友的头上，有时候也跑到其他位置。

因为我是以"巳"字的身份做偏旁，所以大家都叫我"巳字旁"。

小篆

包

隶书

我遇到包字头（勹），
就变成了"包"字。

背着大书包，翻过小山包。

小篆

巴

隶书

遇到一竖，
就变成了"巴"字。

巴蛇拖着尾巴，张大嘴巴等象来。巴蛇就是食象蛇。

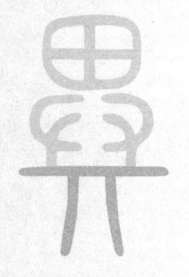

遇到弄字底（廾），
就变成了"异"字。

君看白日驰，何异弦上箭？
"异"是"異"的简化字，头
戴面具很怪异，显得与众不同。

小篆

异

隶书

遇到"寸"字，
就变成了"导"字。

向导引路。铁能导电。
"导"是"導"的简化字。

小篆

导

隶书

遇到"共"字，
就变成了"巷"字。

小楼一夜听春雨，深巷明朝卖
杏花。"巷"是由"㘭"字省
掉一个"口"字而来，而"㘭"
字又是由"䢽"字省掉一个"邑
（yì）"字而来。

小篆

巷

隶书

力字旁

我是力字旁。
我长这个样子：

打字的时候，
你打"li"，
我就会现身。

我的祖先很酷。它们长这个样子：

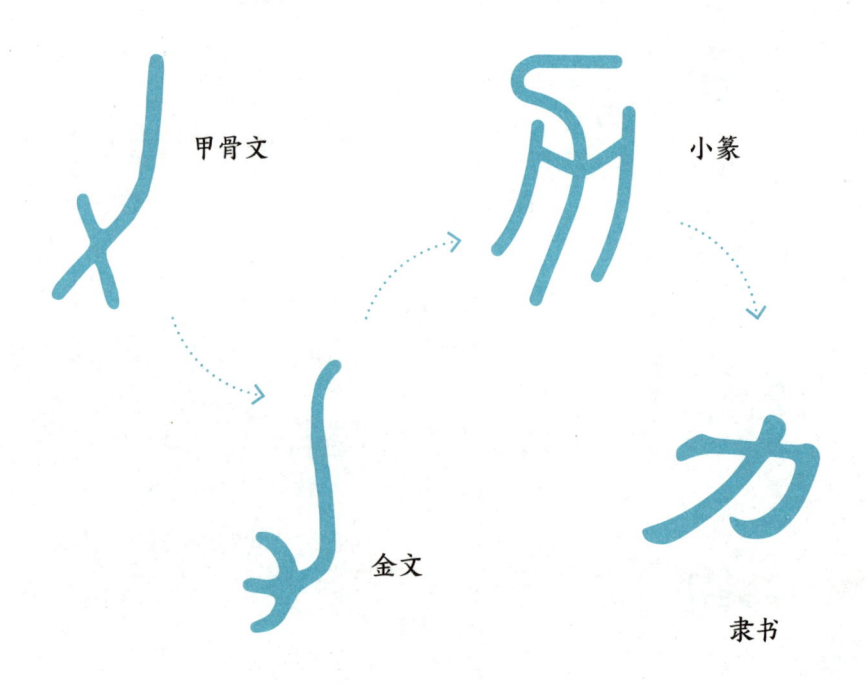

甲骨文

小篆

金文

隶书

你看我的甲骨文祖先，像不像手臂的形状？金文祖先的手臂形状，是不是更加明显？

后来，是不是慢慢演变成了一个横折钩和一撇？

我的故事

我呀，其实就是那个"力"字，最初的意思是强劲（jìng）有力的手臂，借指力量。

力量比较抽象，不好造字。手臂通过筋肉收缩，可以产生力量。人体最常见的力量，也来自手臂。古人干脆以手臂为象形，造出了我的甲骨文祖先。

也有人说，我的甲骨文祖先像用力时手臂上凸（tū）起的筋（jīn）节，是以筋节来表示力量。

还有人说，我的甲骨文祖先像古代翻土的农具耒（lěi），上为弯曲的耒柄，下为带有横木的耒头。因为翻土需要用力，所以引申为"力量"之"力"。

有首歌叫《咱们工人有力量》。其实，不只工人有力量，农民、商人和知识分子也同样有力量。

我希望大家都能自食其力，平时既尊重体力

劳动，也尊重脑力劳动。人人都身强力壮，有良好的理解力、记忆力、想象力、创造力、洞察力和批判力。力不从心的时候，也不要轻言放弃，尽力去做一些力所能及的事情。

"古人学问无遗力，少壮工夫老始成。"[出自宋·陆游《冬夜读书示子聿（yù）》]

"时来天地皆同力，运去英雄不自由。"[出自唐·罗隐《筹笔驿（yì）》]

很多古诗词里都有我的身影。

我来造字

我们这个家族的汉字，主要和力量有关。

我通常待在我朋友的右边或者脚下，有时候也跑到其他位置。

因为我是以"力"字的身份做偏旁，所以大家都叫我"力字旁"。

小篆

男

隶书

我遇到"田"字，就变成了"男"字。

好男儿志在四方。

遇到草字头（艹）和秃宝
盖（冖），
就变成了"劳"字。

热天劳作（热浪覆盖）很辛劳。
"劳"是"勞"的简化字。

小篆

劳
隶书

遇到"奴"字，
就变成了"努"字。

少壮不努力，老大徒伤悲。

小篆

努
隶书

遇到"且"字，
就变成了"助"字。

助理工程师助人为乐。

小篆

助
隶书

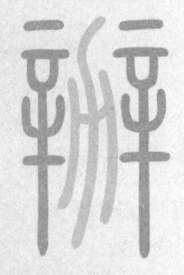

小篆

勋

隶书

遇到"员"字,
就变成了"勋（xūn）"字。

墙上挂着一枚勋章。勋章授给为国家做出重大贡献,有着特殊功劳的人。
"勋"是"勳"的简化字。"勳"原本是"勛"的异体字,后来变成了正体字,再后来又简化成了"勋"。

小篆

办

隶书

遇到两点,
就变成了"办"字。

办理事务需要辛勤用力。
"办"是"辦"的简化字。

小篆

勤

隶书

遇到"堇（jǐn）"字,
就变成了"勤"字。

勤勉（miǎn）终会见成效。

选自赵孟頫书《杭州福神观记》

盖魏榷肹饗来
假将导迎景貺
於无有窮已崔
君来謁余文勒

名帖赏析

赵孟頫（fǔ），吴兴（今浙江湖州市）人，元朝著名书画家、文学家，倡导师法古人，主张"书画同源"。其书法集晋、唐之大成，对中国书法艺术的发展影响深远。《杭州福神观（guàn）记》，由元初文坛泰斗邓文原撰文，赵孟頫书丹并篆额，系赵孟頫楷书力作之一。

士字旁

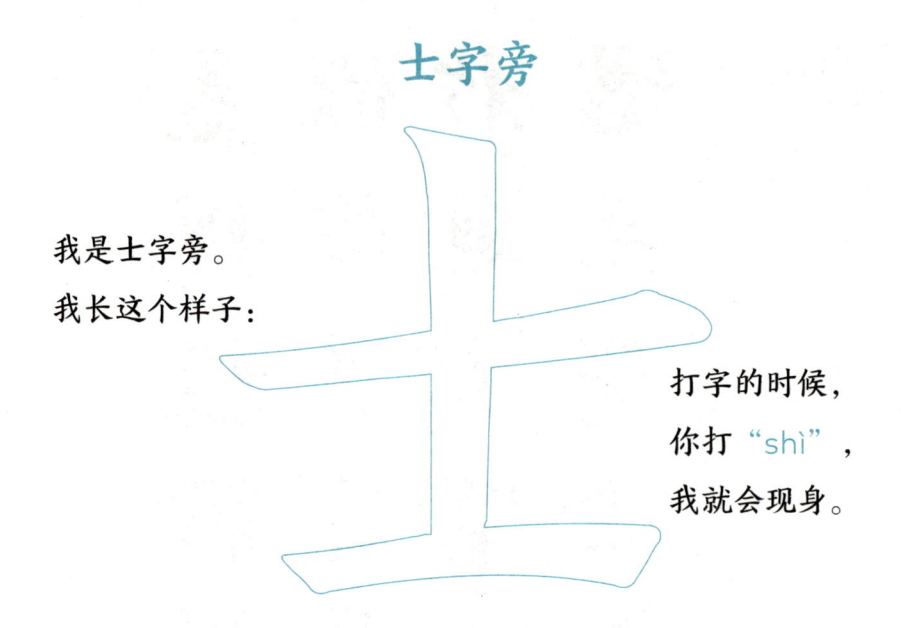

我是士字旁。
我长这个样子：

打字的时候，
你打"shì"，
我就会现身。

我的祖先很酷。它们长这个样子：

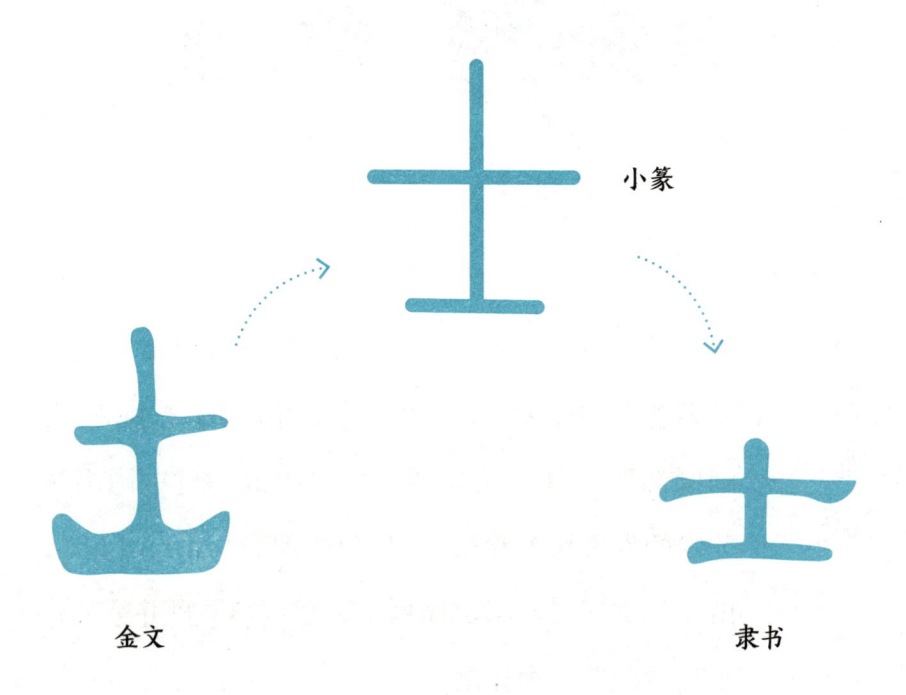

小篆

金文　　　　　　　　　隶书

你看我的金文祖先，像不像斧钺（yuè）之类的刑杀武器？上边那一横和一竖，是不是代表斧柄和斧头？下边那个弧形笔画，是不是代表斧刃？

后来，是不是慢慢演变成了一个"十"字和一横？

我的故事

我呀，其实就是那个"士"字，最初的意思是掌管刑狱之人。

我和"王"字同源，都像斧钺之形。我的气势不如它，头上比它少一横，脚下那一横也比它短。

我和"土"字都是由两横一竖组成。我是上横长，下横短。它是上横短，下横长。

也有人说，最早的时候，我专指年少未婚的青壮年男子。我有男子汉的气概，是男子汉的象征。

还有人说，我是善于成事之人。我由"十"字和"一"字组成，能够始一终十，推十合一，从众多的事物当中推演和归纳出一个简要的道理来。

古时候，我居于卿（qīng）大夫和庶（shù）民之间，是最低一级的贵族阶层，比上不足，比下有余。

有时候，我也专指读书人。和种地的农民、做工的手工业者、经商的商人，合称为"士农工商"。因为很多官员都是从读书人当中选拔而来，所以我还是知识分子官员的统称。

古有"车士步卒"之分。我是车兵，乘车而战。卒是步兵，徒步作战。我们合称为"士卒"，泛指士兵。

我可以作为尊称。"勇士"和"烈士"，是这种用法。"男士"和"女士"，也是这种用法。

我还可以用来称呼精通某种技能或者拥有丰富学识的人员。"护士"和"博士"，就都是这种用法。

我为了报答知己，通常是万死不辞。"士为知己者死"，说的就是我。

我擅长学习，进步迅速。"士别三日，刮目相看"，说的也是我。

"朝为青云士，暮作白头囚。"（出自唐·韩愈《赴江陵途中寄赠翰林三学士》）

"寿居福之首，贫为士之常。"（出自宋·陆游《贫歌》）

很多古诗词里都有我的身影。

我来造字

我们这个家族的汉字，主要和功名有关，和志向有关。

我通常待在我朋友的头上，有时候也跑到其他位置。

因为我是以"士"字的身份做偏旁，所以大家都叫我"士字旁"。

小篆

仕

隶书

我遇到单人旁（亻），
就变成了"仕"字。

山中隐士扔掉锄头出仕为官。
簪（zān）花仕女躲进仕女图里摇扇纳凉。

小篆

志

隶书

遇到"心"字，
就变成了"志"字。

歌以咏志。

吉
小篆

吉
隶书

遇到"口"字，
就变成了"吉"字。

吉星高照。

壺
小篆

壶
隶书

遇到秃宝盖(冖)和"业"字，
就变成了"壶(hú)"字。

壶口瀑布如壶注水。
"壶"是"壺"的简化字。

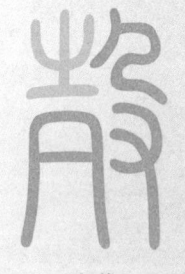

殼
小篆

壳
隶书

遇到"冗(rǒng)"字
就变成了"壳"字，

金蝉脱壳（qiào）而飞，小鸡破壳（ké）而出。敲一敲外壳（ké），很坚硬。
"壳"是"殼"的简化字。"殼"原本是"殻（殳）"的异体字，后来变成了正体字，再后来又简化成了"壳"。

京字头

我是京字头。
我长这个样子：

打字的时候，
你打"tóu"，
我就会现身。

我的祖先很酷。它们长这个样子：

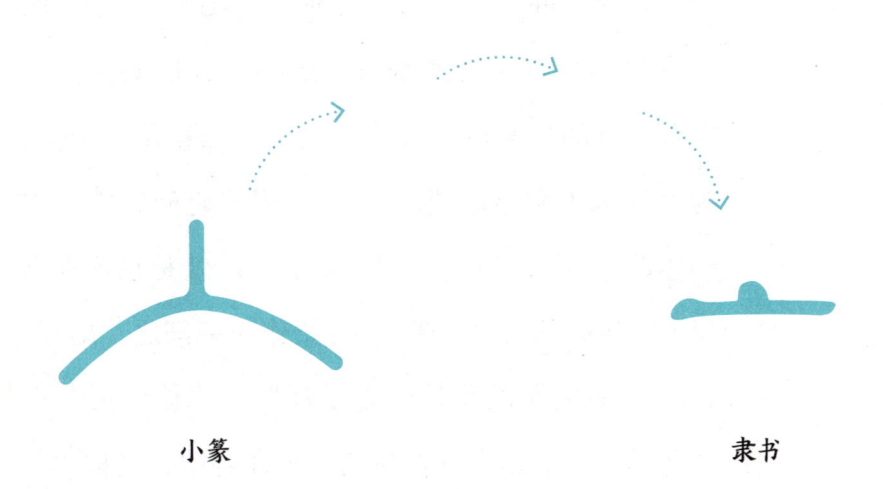

小篆　　　　　　　　隶书

你看它们像什么呢？像什么呢？像什么呢？……
我呀，琢磨了半天，也说不清它们像什么。

我的故事

我对自身的来历懵（měng）懵懂懂，搞不清最初的意思是什么。

我到处探究我的身世，孰（shú）料连《说文解字》里面都没有提到我。

后来，我在一本名为《龙龛（kān）手镜》的字书里面发现了我的身影。此书由辽国幽州五台山金河寺的高僧释行均(俗名于广济)编纂(zuǎn)。为避讳宋太祖赵匡胤（yìn）的祖父赵敬，它的宋刻本改名为《龙龛手鉴（jiàn）》。就是在这本书里面，我被列为"亠部"，开始作为一部之首出现。

此书里面说我是"徒侯反"，"徒侯反"即"徒侯切"。切音是古代的一种注音法，又称"反切"。为某个汉字注音时，用其余两字来做标注，切上字取其声母，切下字取其韵母和声调。"徒（tú）

侯（hóu）切"和"徒侯反"，拼出来的读音就是"tóu"。

遗憾的是，我们这位"亠部"之父释行均先生只是点明我的读音，并未论及我的祖先和源流。

再后来，《正字通》一书问世。此书由明朝著名学者张自烈先生编纂，清朝江西南康府知府廖（liào）文英予以增补，里面说我"六书不用为字母，本无音义"，"不烦训释"。

我很郁闷！难道我只是一点和一横的简单组合吗？

天生我材必有用，凭什么断定我不能衍（yǎn）生其他汉字呢？凭什么断定我本无音义呢？

"京口瓜洲一水间，钟山只隔数重山。"（出自宋·王安石《泊船瓜洲》）

"唯有牡丹真国色，花开时节动京城。"（出自唐·刘禹锡《赏牡丹》）

这些古诗词里的"京"字，让我感到非常亲切，同时跟着沾染了一番诗意。

我来造字

我喜欢蹲在我朋友的头上，像诗人一样登高望远，一抒胸怀。

因为"京"字是我们这个家族的常见字，我是"京"字之头，所以大家都叫我"**京字头**"。

小篆

亡
隶书

我遇到竖折（乚），
就变成了"亡"字。

商女不知亡国恨，隔江犹（yóu）
唱后庭花。
"亡"原本是"亾"的异体字，
现在以"亡"为正体字。

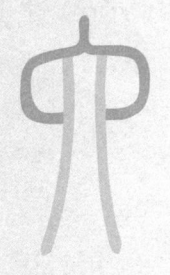

小篆

六
隶书

遇到一撇和一点，
就变成了"六"字。

一点一横，两眼一瞪，吆五喝六。

小篆

卞
隶书

遇到"卜"字，
就变成了"卞（biàn）"字。

卞和泣玉。卞庄子刺虎。
"卞"是由"弁（biàn）"的
草书演变而来。"弁"像两手
扶冠，指的是古代的一种帽子。

小篆

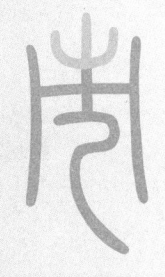

隶书

遇到"巾"字,
就变成了"市"字。

破帽遮颜过闹市,漏船载酒泛中流。

小篆

隶书

遇到"允"字,
就变成了"充"字。

充满希望。

小篆

隶书

遇到"十"字和两组"一撇一点",
就变成了"卒(zú)"字。

小卒过河,有去无回。

小篆
亢
隶书

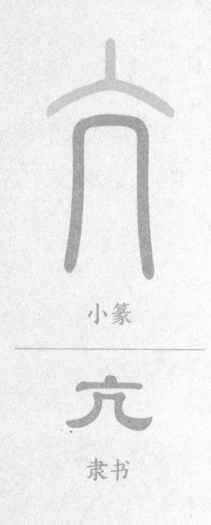

遇到"几"字，
就变成了"亢（kàng）"字。

"亢"的意思是人处几上，比喻人居高处，引申为高、高傲和极度等意思。亢龙有悔，是说盛极必衰，身居高位的人要戒骄戒躁，否则会招致灾祸。不卑不亢，是说不自卑也不高傲，形容待人接物恰如其分，自然得体。

小篆
主
隶书

遇到"土"字，
就变成了"主"字。

当家作主。

凶字框

我是凶字框。
我长这个样子：

打字的时候，
你打"kǎn"，
我就会现身。

我的祖先很酷。它们长这个样子：

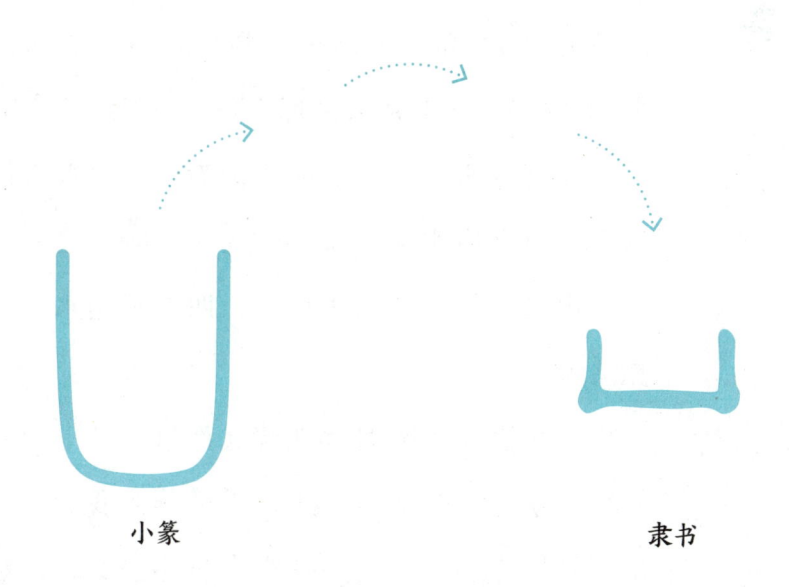

小篆

隶书

你看我的小篆祖先，摆出一副大张着口的架势，像不像地上的坑穴？

后来，是不是慢慢演变成了一个竖折和一竖？

我的故事

我呀，其实就是那个"坎（kǎn）"字，是它最早的写法，最初的意思是坑穴。

我可以是地面上最普通和最常见的坑洼，可以是猎人设置的陷（xiàn）阱（jǐng），还可以是古人祭祀（sì）时用来掩埋牛羊之类祭品的坑洞。

我自身所在之处，地势极为低洼，水流借势涌入，很容易积水。坎卦作为"八卦"之一，其卦象也是水。一旦陷于坑穴，四周都是水，必将充满凶险。

我祝愿大家时时都能绕我而过，平平安安过一生。就算一时不慎（shèn），落入我的巨口，也不要惊慌失措。要坚信没有过不去的坎，赶紧想想办法，尽快爬出来，及时脱离困境。

"坎中着脚疑无地,缺处回头却有天。"(出自宋·曾丰《游淡岩二首》)

"百川有盈(yíng)涸(hé),是坎常泓(hóng)然。"[出自宋·陈瓘(guàn)《瑞泉庵》]

这些古诗词里的"坎"字,让我感到非常亲切,同时跟着沾染了一番诗意。

我来造字

我们这个家族的汉字,主要和坑穴有关。

我喜欢邀请我朋友到我家中做客,体验神秘和凶险气氛。

因为"凶"字是我们这个家族的常见字,我是"凶"字之框,所以大家都叫我"凶字框"。

小篆

隶书

我遇到"几"字练倒立,就变成了"凹"字。

山间小路凹(āo)凸(tū)不平。

小篆

凼

隶书

遇到"水"字，
就变成了"凼(dàng)"字。

村村有水凼。凼是水坑或者水塘。

小篆

函

隶书

遇到"承(zhěng)"字，
就变成了"函(hán)"字。

函谷关发来密函。
"函"原本是"圅"的异体字，现在以"函"为正体字。

小篆

击

隶书

遇到两横一竖，
就变成了"击"字。

声东击西。
"击"是"擊"的简化字。

小篆

凿

隶书

遇到"羊"字和"业"字，
"羊"字掉进来摔掉一横，
就变成了"凿（záo）"字。

凿石为渠（qú）水有声。
"凿"是"鑿"的简化字。

小篆

画

隶书

遇到"一"字和"田"字，
就变成了"画"字。

画龙点睛。
"画"是"畫"的简化字。

癶字旁

我是癶（yǎn）字旁。
我长这个样子：

打字的时候，我不知道怎么才能打出我来，好尴（gān）尬（gà）呀！

我的祖先很酷。它们长这个样子：

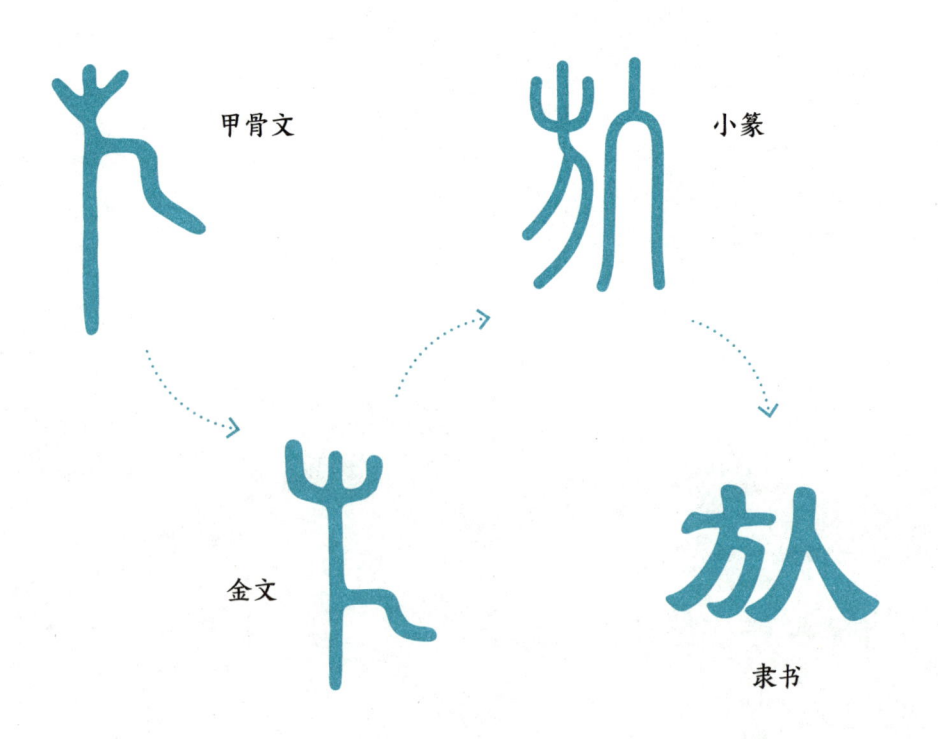

甲骨文

小篆

金文

癶

隶书

你看我的甲骨文祖先,像不像飘扬的旌(jīng)旗?左边那个树杈形的笔画,是不是代表顶有饰物的旗杆?右边那个弯弯曲曲的笔画,是不是代表旗面和旗面末端的飘带?

后来,是不是慢慢演变成了一个"方"字和一个"人"字?

到了我这一辈,是不是最终演变成了一点一横、一个横折钩和两撇一横?

我的故事

我呀,其实就是那个"办"字,是它分化出来的写法,最初的意思是旌旗飘扬的样子。

古时候,旌旗的旗面叫"縿(shān)"。旗面末端的飘带,风一起就随风飘扬,形似水流。古人习惯称之为"流",也写成"游(liú)"或者"旒(liú)"。据传,天子之旗有十二旒,诸侯之旗有九旒,卿(qīng)大夫之旗有七旒,士之旗有五旒。

清朝的徐灏(hào)先生在《说文解字注笺(jiān)》里说:"办者,旌旗飞扬之貌,而非旗游之名也。故造字即象旗形,而为诸旗之建类焉。"我很高兴自己能够成为旗帜类汉字的偏旁,统领一类汉字。

风起时，我觉得自己就是一面旗帜，随风往复，左摇右摆，一副飘扬激荡的样子。我甚至想竖起一杆"大王旗"，让所有的汉字都聚集到我的旗下。

"壮岁旌旗拥万夫，锦襜（chān）突骑渡江初。"[出自宋·辛弃疾《鹧鸪天（壮岁旌旗拥万夫）》]

"弄潮儿向涛头立，手把红旗旗不湿。"[出自宋·潘阆（làng）《酒泉子（长忆观潮）》]

这些古诗词里的"旗"字，让我感到非常亲切，同时跟着沾染了一番诗意。

我来造字

我们这个家族的汉字，主要和旗帜有关。

我总是像雨衣一样披在我朋友的身上。

因为我是以"㫃"字的身份做偏旁，所以大家都叫我"㫃字旁"。

旌

小篆

旌

隶书

我遇到"生"字，
就变成了"旌"字。

山下旌旗在望，山头鼓角相闻。

小篆

旄 隶书

遇到"毛"字，
就变成了"旄（máo）"字。

上将拥旄西出征，平明吹笛大军行。旄是旗杆顶端饰有牦牛尾巴的旗子。

小篆

族 隶书

遇到"矢"字，
就变成了"族"字。

五十六个民族五十六朵花。

小篆

施 隶书

遇到"也"字，
就变成了"施"字。

施先生喜欢发号施令。

小篆

旋
隶书

遇到"疋（shū）"字，
就变成了"旋"字。

"黑旋风"李逵要玩旋转木马。

小篆

旅
隶书

遇到一撇、一个竖提和一撇一捺，就变成了"旅"字。

旅长要去旅行。

小篆

旖
隶书

遇到"奇"字，
就变成了"旖"字。

旗帜旖（yǐ）旎（nǐ），随风飘扬。
春光旖旎，柔和美好。

臣字旁

臣

我是臣字旁。
我长这个样子：

打字的时候，你打"chén"，我就会现身。

我的祖先很酷。它们长这个样子：

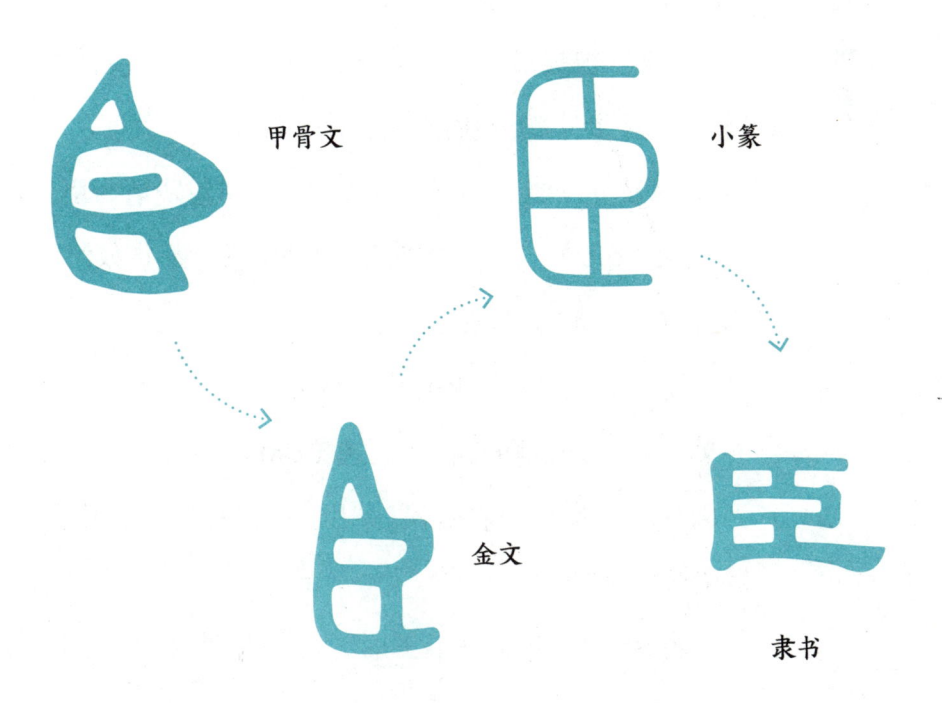

甲骨文

小篆

金文

隶书

你看我的甲骨文初先,像不像是手脚被缚(fù),箕(jī)坐于地之人?那个月牙形的笔画,是不是代表人体和手脚?那个椭(tuǒ)圆形的笔画,是不是代表绳索?中间那一横,是不是表示对绳索捆缚功能的突出和强调?

后来,人体是不是慢慢演变成了一横和一个竖折?手脚是不是演变成了两竖?绳索是不是演变成了一个横折和一横?

我的故事

我呀,其实就是那个"臣"字,最初的意思是手脚被缚的战俘。

战俘被擒获后,大都充作奴隶,是奴隶社会奴隶的主要来源。我因而又引申为奴隶的意思。

《史记·越王勾践世家》里说:"勾践请为臣,妻为妾(qiè)。"最早的时候,我和"妾"都指奴隶。我是男奴,它是女奴。

我还用来借指帝王治下的官吏。"一朝天子一朝臣",是说随着朝代更迭(dié)和皇帝变换,下面的官吏也会跟着变换。"臣服"是指顺服称臣,接受统治。

古代的官吏面对帝王时,习惯用我来作为自

称。"臣不敢"和"臣本布衣",都是这种用法。自我降罪的时候,也喜欢说:"臣有罪,臣罪该万死!"

也有人说,我的甲骨文祖先看起来像是"横目"竖了起来。人在低头跪拜的时候,眼睛就会竖向地面,变成"竖目"。竖目之人,自然是战俘和奴隶一类的屈从听命之人。

"时危见臣节,世乱识忠良。"(出自南北朝·鲍照《代出自蓟北门行》)

"同作逐臣君更远,青山万里一孤舟。"(出自唐·刘长卿《重送裴郎中贬吉州》)

很多古诗词里都有我的身影。

我来造字

我们这个家族的汉字,主要和眼睛有关,和官吏有关。

我的朋友本来就不多,仅有少数几位。后来,"監(jiàn)""覽(lǎn)""鑒(jiàn)""臨(lín)""堅(jiān)"这几位朋友,纷纷外出闯世界。我应时而变,删(shān)繁就简,省写成一短一长两竖,跟随它们走天下去了。而原来的我,继续保持着本来的面貌,坚守在几位忠诚的朋友身边。

因为我是以"臣"的身份为偏旁,所以大家都叫我"臣字旁"。

卧
小篆

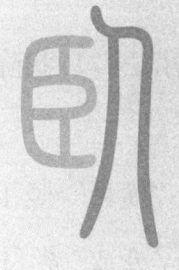

卧
隶书

我遇到"卜"字,
就变成了"卧"字。

勾践卧薪（xīn）尝胆。王祥卧冰求鲤。杜牧卧看织女牵牛星。陆游卧听风吹雨。辛弃疾溪头卧剥莲蓬。
"卧"原本是"臥"的异体字,现在以"卧"为正体字。

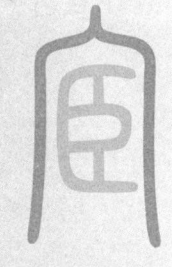

宦
小篆

宦
隶书

遇到宝盖儿（宀）,
就变成了"宦（huàn）"字。

学宦两无成,归心自不平。

臧
小篆

臧
隶书

遇到"爿（pán）"字和"戈"字,
就变成了"臧"字。

臧（zāng）否（pǐ）人物,评论好坏。

血字旁

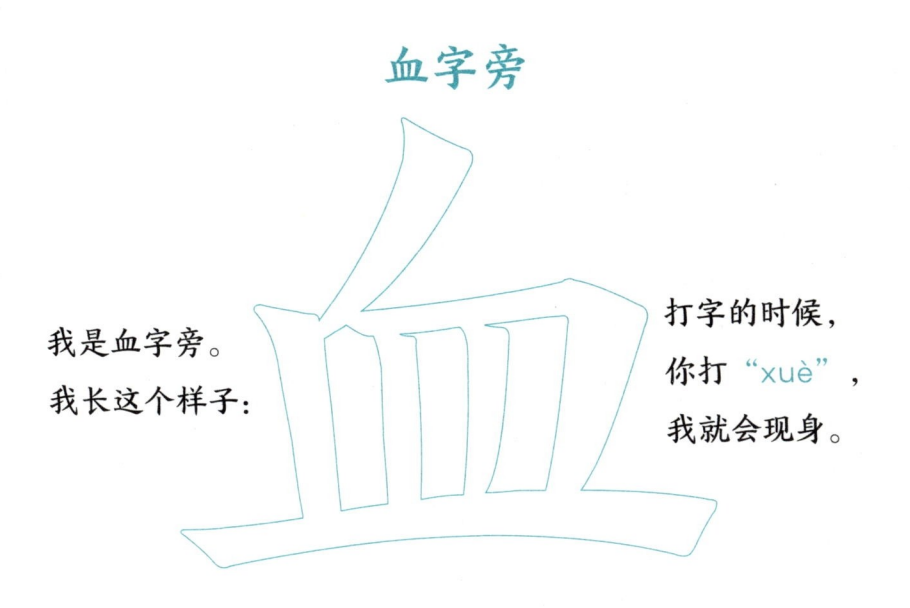

我是血字旁。
我长这个样子：

打字的时候，你打"xuè"，我就会现身。

我的祖先很酷。它们长这个样子：

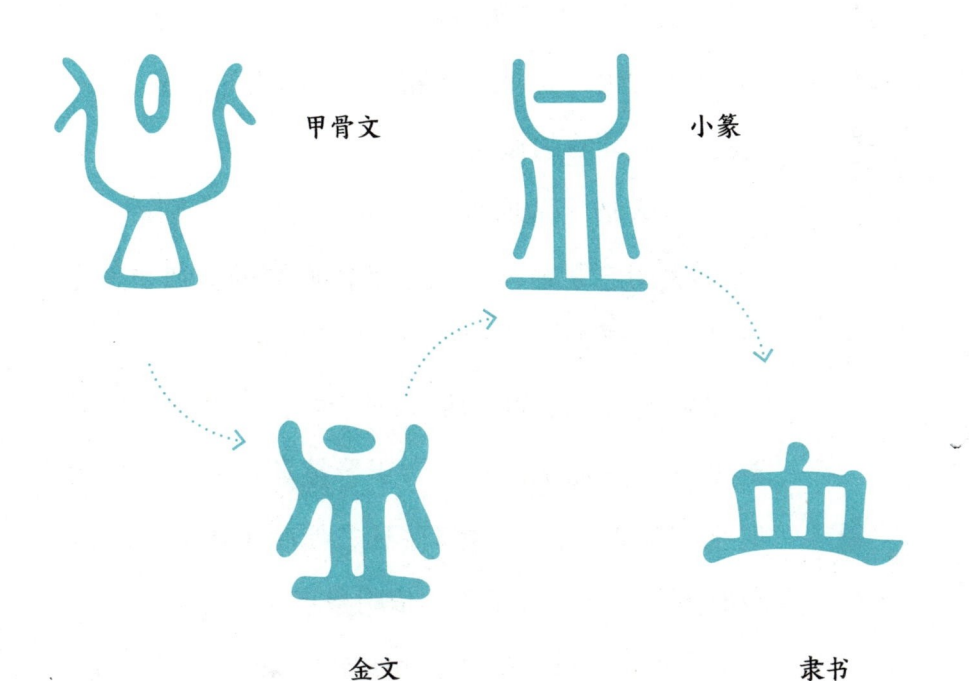

甲骨文

小篆

金文

隶书

你看我的甲骨文祖先，像不像盛有鲜血的器皿（mǐn）？器皿的底座、肚子和耳朵，是不是一应俱全？里面那个血滴似的圈圈，是不是代表血液？从金文祖先开始，两个耳朵是不是逐渐下移？

后来，是不是慢慢演变成了一撇一竖、一个横折和两竖一横？

我的故事

我呀，其实就是那个"血"字，最初的意思是皿中之血，也就是祭祀（sì）所用的牲畜之血，泛指人和动物的血液。

古人造字的时候，认为单独画一个圆圈，不足以表明它是血液，于是把盛血液的器皿也画了出来，从而造出了我的甲骨文祖先。

我是象形字的一种，相对于"日""月""鱼""鸟"这些独体象形字而言，属于合体象形字。因为同时把主体事物的依附和存身之处画了出来，所以也有人称合体象形字为"依附象形字"。

我有两个读音，书面用语读"xuè"，口头用语读"xiě"。

古时候，祭祀神明所用的血，可以是牲畜血，也可以是人血。人血之中又有奴隶之血，叫"臣血"。

我还可以涂在新制器物的缝隙上，用来血祭新制器物。古人称之为"衅（xìn）"。"衅刀剑"和"衅钟鼓"，即是将人畜之血涂在它们的缝隙上，祈（qí）求作战时神勇和击鼓时鼓声洪亮。战争结束，兵车和铠（kǎi）甲收入府库时，也要用我衅一下，以求吉祥如意。

古人宣誓结盟时，也要用到我。他们将我盛到铜盘里，微沾于唇，轻轻一饮。或者伸指而蘸（zhàn），涂于口唇。这就是传说中的"歃（shà）血为盟"。犹记得赵国的平原君赵胜和楚王盟誓时，同去的毛遂先生无畏的喝令声："取鸡狗马之血来！"

我是红色的。"血红"是说像我一样红。"血玉"的意思是把玉染红。

"血浓于水"，是形容亲情浓厚，不可分割。

"狗血剧情"，是说影视剧情节夸张离奇，不可思议。

传说周朝的大夫苌（cháng）弘蒙冤被杀，其血三年之后化为碧玉。这个典故叫"苌弘化碧"。人们常用"碧血"一词，借指为正义事业而流的鲜血。

"平生纵有英雄血，无由一溅荆（jīng）江水。"[出自清·纳兰性德《送荪（sūn）友》]

"一腔热血勤珍重,洒去犹能化碧涛。"(出自清·秋瑾《对酒》)

很多古诗词里都有我的身影。

我来造字

我们这个家族的汉字,主要和血液有关。

我通常待在我朋友的左边或者右边,有时候也跑到其他位置。

因为我是以"血"字的身份做偏旁,所以大家都叫我"血字旁"。

小篆

衄

隶书

我遇到"丑"字,就变成了"衄(nǜ)"字。

鼻衄是鼻孔出血。耳衄是耳朵出血。齿衄是牙齿出血。败衄是战败,战事失利。

遇到竖心旁（忄），
就变成了"恤（xù）"字。

人言不足恤，是说他人的议论
不值得担心和忧虑。国恤家仇
是国难家恨。体恤是体贴怜悯。
抚恤是抚慰救济。

小篆

恤
隶书

遇到三点水（氵），
就变成了"洫（xù）"字。

平时沟洫今多废，下户京囷（qūn）
久已空。沟洫，意思是沟渠。
京囷，泛指粮仓。京是方仓，
囷是圆仓。

小篆

洫
隶书

遇到"乑（yín）"字，
就变成了"衆（zhòng）"字。

衆（众）人拾柴火焰高。
"衆"字后来简化为"众"。

小篆

衆
隶书

病字旁

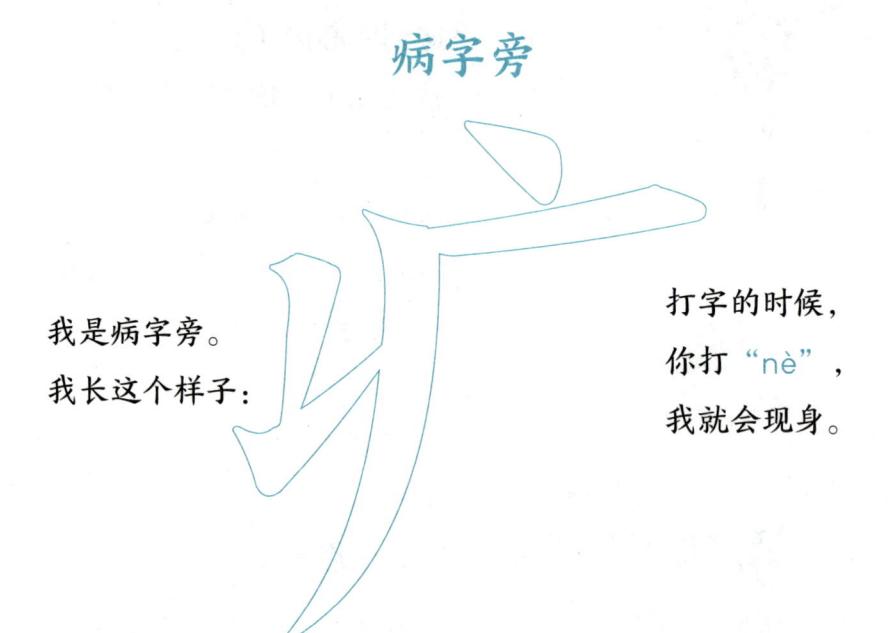

我是病字旁。
我长这个样子：

打字的时候，
你打"nè"，
我就会现身。

我的祖先很酷。它们长这个样子：

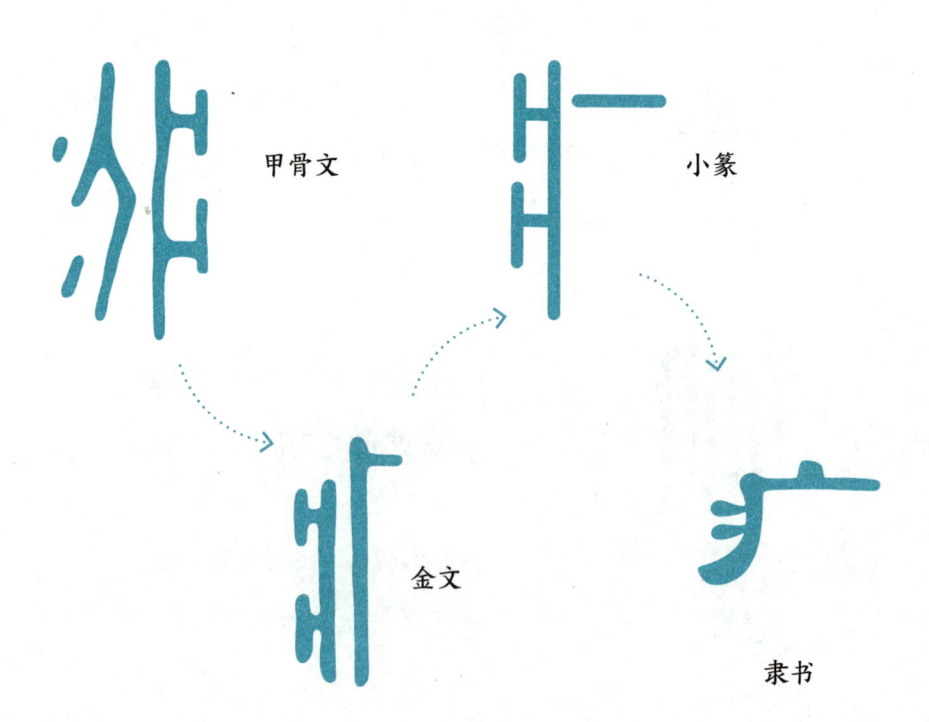

甲骨文

小篆

金文

隶书

你看我的甲骨文祖先，像不像病人身冒虚汗，躺在床上的形状？左边那两个小点，是不是代表虚汗？中间那个人形，是不是代表病人？右边那两横三竖，是不是代表床板和床腿？金文祖先身上的病人，是不是省写成了一横一竖？小篆祖先身上的病人，是不是干脆省写成了一横？

后来，是不是慢慢演变成了一点一横、一撇和一点一提？

我的故事

我呀，其实就是那个"疒（nè）"字，最初的意思是病人患病卧床，也就是有病。

古代汉字"六书"，指的是象形、指事、会意、形声四种造字法和转注、假借两种用字法。我是古人用会意法造出来的一个汉字。

《说文解字》里说我是"人有疾病，象倚箸之形"。倚箸，"箸"通"着（zhuó）"，字面意思是倚着，依附着，倚靠着，也就是躺在床上。古人用会意法造字的时候，通常把我的甲骨文祖先画成是一个身冒虚汗的人躺在床上。有时候，也会画成一个腹胀的人躺在床上。

当我广泛用作偏旁以后，人们在我身上增加一个声符"丙"字，用形声法造出一个"病"字，代替我来表达患病这层意思。

古时候，病为"疾加"。轻者为疾，重者为病。如今，"疾"和"病"二字合为一体，共同泛指疾病。

说起这个"疾"字，还有一番来历。它的甲骨文祖先（ ）和金文祖先（ ），都是由人体和射向人体的一支矢（shǐ）组成。整体看起来，像是一个人腋（yè）下中箭，属于会意法造字。所会之意为伤病，也就是外伤所导致的轻病。

到了"疾"字的小篆祖先（ ）和隶书祖先（疾），人体消失不见，变成了由我和"矢"字组成。我是形旁，"矢"为声旁，"疾"字又变成了形声字。

由此可见，从甲骨文开始，同一个汉字的造字方法并不是墨守成规，一成不变，而是根据需要，灵活多变。

"亲朋无一字，老病有孤舟。"（出自唐·杜甫《登岳阳楼》）

"不才明主弃，多病故人疏。"（出自唐·孟浩然《岁暮归南山》）

这些古诗词里的"病"字，让我感到非常亲切，同时跟着沾染了一番诗意。

我来造字

我们这个家族的汉字,主要和疾病有关。

我总是像雨衣一样披在我朋友的身上。

因为"病"字是我们这个家族的常见字,我是"病"字的偏旁,所以大家都叫我"病字旁"。

小篆

疤 隶书

我遇到"巴"字,
就变成了"疤"字。

好了伤疤忘了疼。

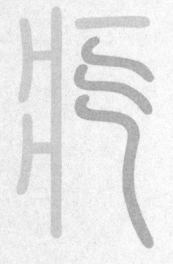

小篆

疙 隶书

遇到"乞"字,
就变成了"疙"字。

脸上有个小疙(gē)瘩(da)。

小篆

癫
隶书

遇到"颠（diān）"字，
就变成了"癫（diān）"字。

诗人多癫狂。

小篆

痴
隶书

遇到"知"字，
就变成了"痴（chī）"字。

假痴不癫。
"痴"原本是"癡"的异体字，
现在以"痴"为正体字。

小篆

疴
隶书

遇到"可"字，
就变成了"疴（kē）"字。

沉疴痼（gù）疾，狠下猛药。

鬼字旁

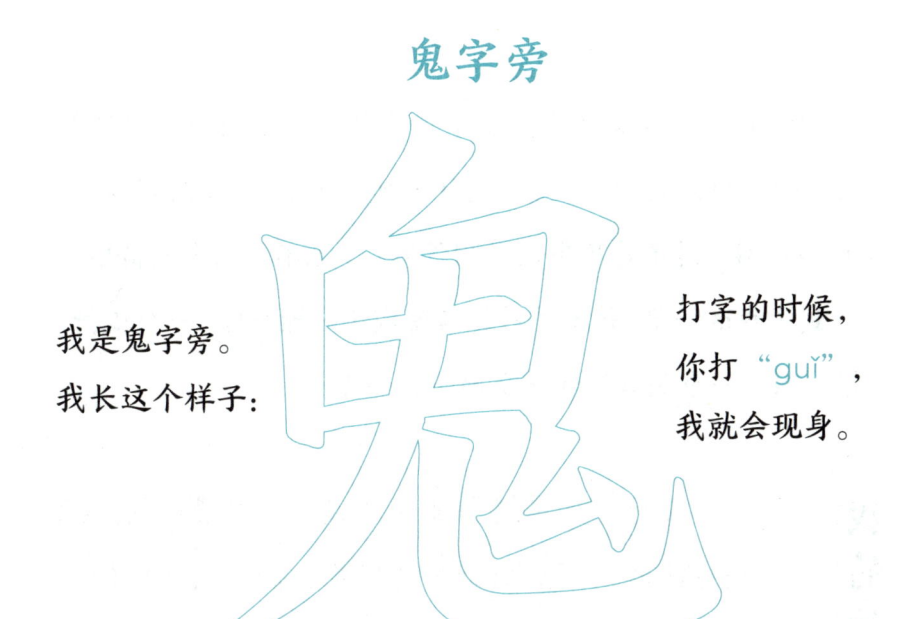

我是鬼字旁。
我长这个样子：

鬼

打字的时候，
你打"guǐ"，
我就会现身。

我的祖先很酷。它们长这个样子：

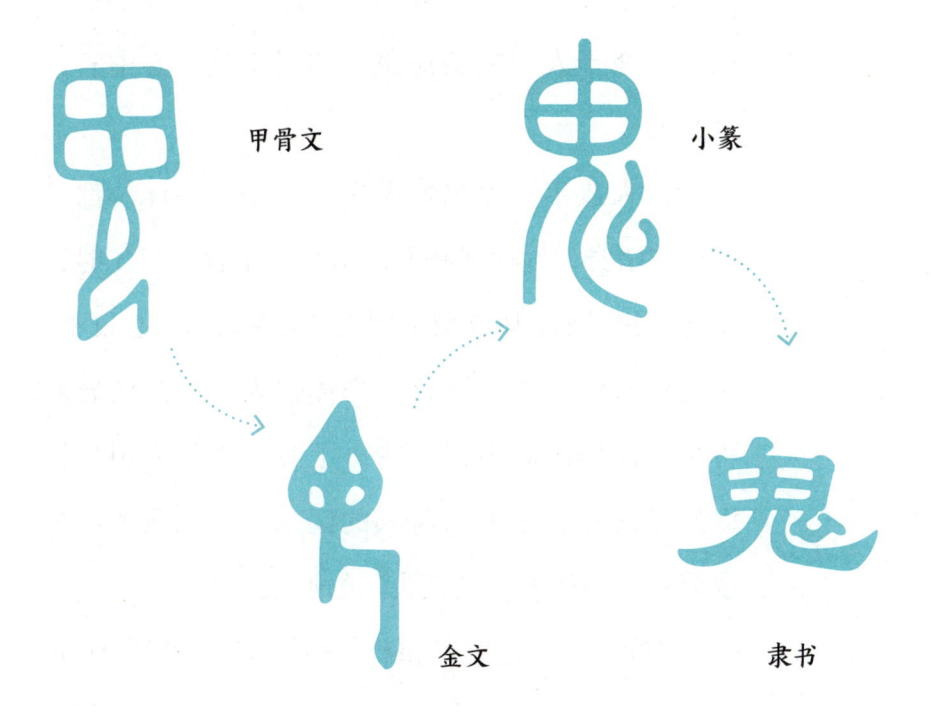

甲骨文

小篆

金文

隶书

你看我的甲骨文祖先，像不像身体似人，头顶大脑袋的怪物？小篆祖先的身上，是不是还增加了一个"厶（sī）"字？这个"厶"字，是不是用来表示阴气害人，见不得阳光的特性？

到了我这一辈，是不是最终演变成了一撇一竖、一个横折、两横一撇、一个竖弯钩和一个撇折、一点？

我的故事

我呀，其实就是那个"鬼"字，最初的意思是身体似人而头部奇特的怪物，借指人死后的灵魂（hún）。

《说文解字》里说："人所归为鬼。"我其实是不存在的，没有具体的实物。要说存在的话，也只存在于人类的脑海里，相当于是"心中有，世间无"。

古人造字，和包牺氏作"八卦"一样，都是"近取诸身，远取诸物"。造我的甲骨文祖先时，虽无实物可取，却也难不倒人类。在他们的心目中，所有的鬼都是由人所化，身体似人，头部怪异而可怕。他们以此为据，造出了我的甲骨文祖先，以怪异的头部来表示与人的区别。我和我的祖先也就有了"从人，像鬼头"的形象。

在我之前，还有个和我近似的写法："甶（fú）"

字下边加"儿（rén）"字，再加"厶"字。"甶"即鬼头，"儿"即人。为了书写方便，人们将"甶"字正中那一竖，和"儿"字左边那一撇相接，连成一个长撇，就变成了我现在这种写法。

我既然是鬼，自然长得"鬼头鬼脑"。夏商时期，中原疆域（yù）西北有个方国，名叫"鬼方"。我不知道那里的民众长什么样子。猜想起来，或许是面貌非常怪异，和我有一拼。

我还是"二十八星宿（xiù）"之一。井、柳、星、张、翼、轸（zhěn）六星，和我共同组成朱雀的形象，合称为"朱雀七宿"。我位列七宿之二，共有四颗星星，看起来好像朱雀的头和眼。

"愿为刀下鬼，换取真太平。"（出自近代·欧阳梅生《试笔诗》）

"笔落惊风雨，诗成泣鬼神。"（出自唐·杜甫《寄李十二白二十韵》）

很多古诗词里都有我的身影。

我来造字

我们这个家族的汉字，主要和鬼魂有关。

我通常把我朋友揽到我怀里，有时候也跑到其他位置。

因为我是以"鬼"字的身份做偏旁，所以大家都叫我"鬼字旁"。

小篆

魃
隶书

我遇到"友"字和一点,
就变成了"魃(bá)"字。

旱魃为虐(nüè),滴雨不降。
旱魃是能够引起旱灾的鬼怪。

小篆

魈
隶书

遇到"肖"字,
就变成了"魈(xiāo)"字。

山魈是山中鬼怪,独足而向后。

小篆

嵬
隶书

遇到"山"字,
就变成了"嵬(wéi)"字。

山势崔嵬,高峻不平。

遇到"戉（yuè）"字，
就变成了"魊（xū）"字。

夜晚黑魊魊，鬼执斧钺（yuè），
人所不见。

小篆

魊

隶书

遇到"离"字，
就变成了"魑"字。

魑（chī）魅（mèi）魍（wǎng）
魉（liǎng），莫能逢之。

小篆

魑

隶书

遇到"厌"字，
就变成了"魇（yǎn）"字。

夜卧梦成魇，但觉鬼压床。
"魇"是"魘"的简化字。

小篆

魇

隶书

角字头

我是角字头。
我长这个样子：

打字的时候，我不知道怎么才能打出我来，好尴（gān）尬（gà）呀！

我的祖先很神秘。我不知道他们长什么样子。

我的故事

我下决心要搞明白自己的身世，弄清楚最初的意思。

可是，这太难了！我翻遍资料，几乎找不到相关的信息。

好在我毫不气馁（něi），经过抽丝剥茧（jiǎn），终于理出了一些头绪。

就目前来看，我的祖先大致有三个类型的来源。

第一个类型的来源，是"人"字。"色""负""危""急""詹（zhān）""夐（xiòng）"，这几个字里面的我，可能都是由"人"字变形而来。

第二个类型的来源,是"刀"字。"角""鱼""兔""象""争",这几个字里面的我,最初都是角尖、鱼牙、兔牙、象牙或者手爪什么的。因为和刀一样,都是锐(ruì)利之物,都有锋利的特性,所以悄悄变形,变成了形似"刀"字的模样,最后又变成了我。

第三个类型的来源,是包字头(勹)和宝盖儿(宀)。"刍(chú)"和"免"这两个字里面的我,就是由它们分别变形而来。

除此之外,或许还有其他类型的来源。我会一直追寻下去,直到彻底搞明白为止。

"寻幽坐翠微,岚(lán)气湿人衣。"(出自明·蔡羽《归云亭》)

"处处闻蛮(mán)鼓,时时揽佩(pèi)刀。"(出自明·吴国伦《阳江道中》)

这些古诗词里的"人"字和"刀"字,让我感到非常亲切,同时跟着沾染了一番诗意。

我来造字

我们这个家族的汉字,主要和人有关,和动物有关。

我喜欢蹲在我朋友的头上看风景。

因为"**角**"字是我们这个家族的常见字,我是"**角**"字之头,所以大家都叫我"**角字头**"。

小篆

危
隶书

我遇到"厄（è）"字，
就变成了"危"字。

危楼高百尺，手可摘星辰。

小篆

负
隶书

遇到"贝"字，
就变成了"负"字。

他很自负，不想负荆（jīng）请罪。

小篆

色
隶书

遇到"巴"字，
就变成了"色"字。

看别人脸色行事。

遇到"田"字和一横，
就变成了"鱼"字。

鱼虾成群，鱼贯而入。
"鱼"是"魚"的简化字。

小篆

鱼

隶书

遇到横山（彐），
就变成了"刍（chú）"字。

牛、羊、鹿和骆驼都是反刍动物，它们有四个胃。
"刍"是"芻"的简化字。"芻"像伸出手来抓草或者抱草，既可以指割草，也可以指喂牲口用的草。

小篆

刍

隶书

"刍"字再遇到"心"字，
就变成了"急"字。

急急忙忙去吃草。

小篆

急

隶书

里字旁

我是里字旁。
我长这个样子：

打字的时候，
你打"lĭ"，
我就会现身。

我的祖先很酷。它们长这个样子：

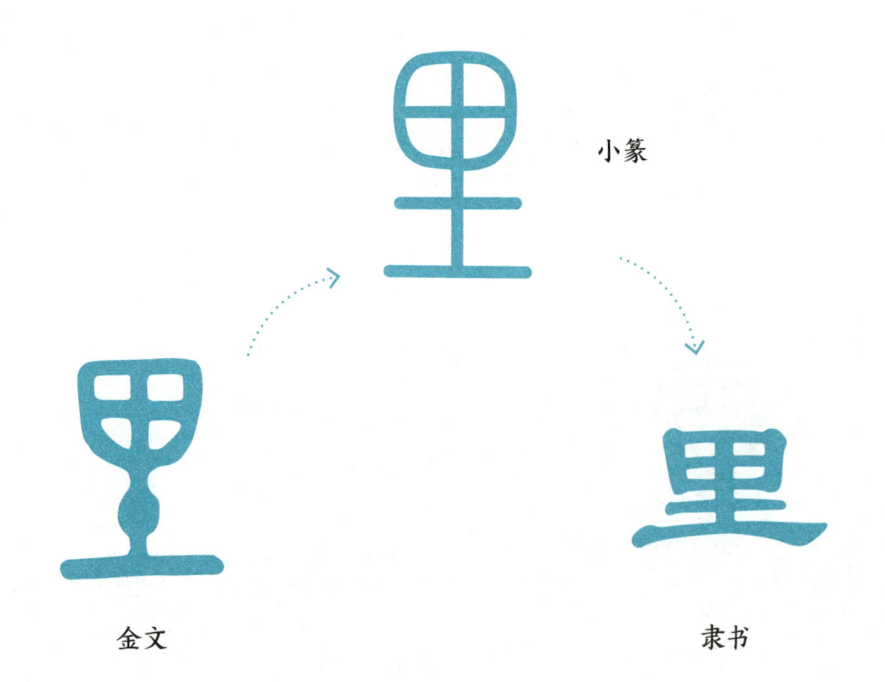

小篆

金文

隶书

你看我的金文祖先,上边是不是"田"字?下边是不是"土"字?

后来,是不是慢慢演变成了一竖、一个横折、两横一竖和另外两横?

我的故事

我呀,其实就是那个"里"字,最初的意思是有土有田、赖以聚居的地方,相当于村庄。

古人通常是"恃(shì)田而食,恃土而居"。有土有田,才能盖房种地,安居乐业。不过,也有人认为我的金文祖先身上那个"田"字并非"田地"之"田",而是街巷纵横的村庄。

我还是古代的一级组织单位。周朝时期,五家为一邻,五邻为一里,一里是二十五家。

我也是一种长度单位。一里相当于五百米。

古时候,有个"裏(lǐ)"字。猛一看,还以为它是"包裹(guǒ)"的"裹"。其实区别很明显:"裏(lǐ)"字是"衣"字中间夹着一个"里"字,"裹(guǒ)"字是"衣"字中间夹着一个"果"字。

"裏(lǐ)"字最初的意思是衣服内层,引申为里面和内部等意思。

它还有一个写法:"衣"字跑到"里"字左边,变成了"裡(lǐ)"字。

后来,"裏(lǐ)"和"裡"一起简化成我现在这个样子。如今的我,一身担多任,具有多种意思。

我想回归"故里",看望"乡里乡亲",到"里弄(lòng)"里走一走,和原先的"邻里"说说话。

我的愿望是行万里路,读万卷书,做一个表里如一、内心充盈(yíng)的汉字。

"暧暧(ài)远人村,依依墟(xū)里烟。"[出自晋·陶渊明《归园田居(其一)》]

"满载一船秋色,平铺十里湖光。"(出自宋·张孝祥《西江月·阻风山峰下》)

很多古诗词里都有我的身影。

我来造字

我们这个家族的汉字,主要和地域(yù)有关,和里边有关。

我通常待在我朋友的右边,有时候也跑到其他位置。

因为我是以"里"字的身份做偏旁,所以大家都叫我"**里字旁**"。

俚

小篆

俚

隶书

我遇到单人旁(亻),就变成了"俚(lǐ)"字。

呜呜笛声坎坎(kǎn)鼓,俚曲山歌互吞吐。

哩
小篆

哩
隶书

遇到"口"字,
就变成了"哩"字。

小雨哩(lī)哩啦啦下了半天,
到现在都没停哩(li)!

狸
小篆

狸
隶书

遇到反犬旁(犭),
就变成了"狸"字。

狐狸(li)走了,狸(lí)猫来了。
"狸"原本是"貍"的异体字,
现在以"狸"为正体字。

悝
小篆

悝
隶书

遇到竖心旁(忄),
就变成了"悝(kuī)"字。

李悝变法,著有《法经》。

小篆

娌
隶书

遇到"女"字,
就变成了"娌(lǐ)"字。

兄弟和时妯(zhóu)娌(li)和。

小篆

野
隶书

遇到"予"字,
就变成了"野"字。

星垂平野阔,月涌大江流。

小篆

童
隶书

遇到"立"字,
就变成了"童"字。

儿童相见不相识,笑问客从何处来。

选自《曹全碑》

早 世 是 叭
副 德 君 童
學 甄 極 燚

名帖赏析

《曹全碑》，全称《汉郃（hé）阳令曹全碑》。此碑系东汉郃阳令曹全的掾（yuàn）属王敞等人为曹全所立的功德碑，现存于西安碑林博物馆。该碑结体扁平，以圆笔为主，飘逸秀丽，是汉隶成熟期的代表作品，被誉为"汉石中之至宝"。

音字旁

我是音字旁。
我长这个样子：

音

打字的时候，
你打"yīn"，
我就会现身。

我的祖先很酷。它们长这个样子：

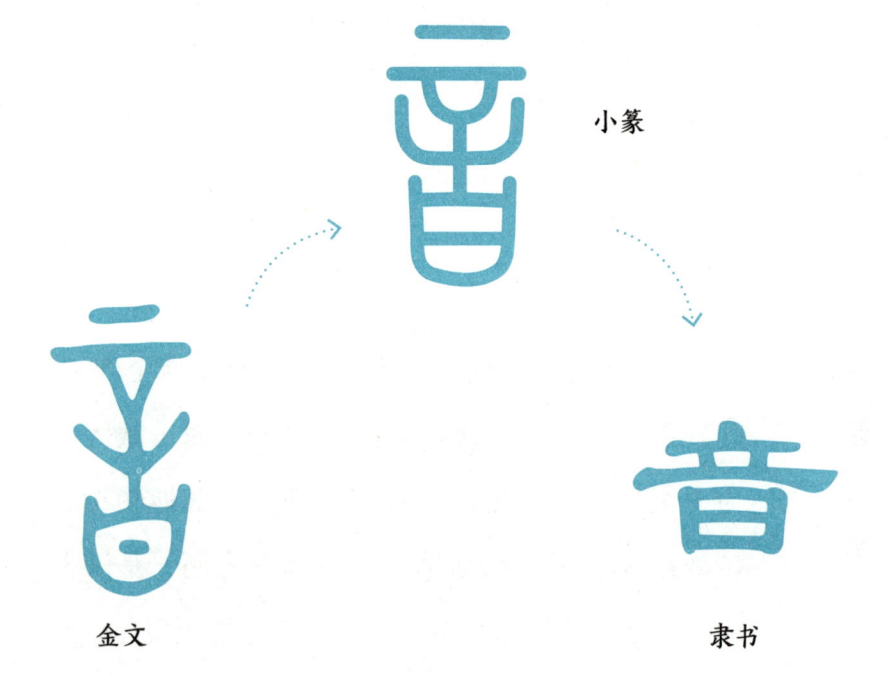

小篆

金文

隶书

你看我的金文祖先,是不是在"言"字甲骨文祖先的头上和"口"中各增加一横而来？头上那一横,是不是代表舌头说话所发出的声音？"口"中那一横,是不是表示话音发自口中？小篆祖先是不是将"口"字以上部分当成了刑刀,从而误写成了"辛"字？

后来,是不是慢慢演变成了一个"立"字和一个"日"字？

我的故事

我呀,其实就是那个"音"字,最初的意思是说话之音,也就是话音。

我和"言"字同源,都是在"舌"字的基础上演变而来,都和舌头有关,和说话有关。

我和"声"字可以组成"声音"一词。听话听音,锣鼓听声。最早的时候,"声"是击磬(qìng)之声,为外力敲打所致。我是自然之音,系物体自然而发。后来,我们慢慢合为一体,界限渐渐模糊。

我和音乐关系密切。"八音"指的是金、石、土、革、丝、木、匏(páo)、竹八种不同材质的乐器。"五音"指的是宫、商、角(jué)、徵(zhǐ)、羽五声音阶。乐感缺乏,唱歌跑调,即是"五音不全"。

每个人都有各自的口音。我希望众生平等，人人都能发出自己的声音。平时也不要老绷着脸，可以听听音乐，哼哼小曲。

"露涤（dí）清音远，风吹数叶齐。"（出自唐·薛涛《蝉》）

"可怜白雪曲，未遇知音人。"［出自唐·韦应物《简卢陟（zhì）》］

很多古诗词里都有我的身影。

我来造字

我们这个家族的汉字，主要和声音有关。

我通常待在我朋友的左边或者右边，有时候也跑到其他位置。

因为我是以"音"字的身份做偏旁，所以大家都叫我"音字旁"。

韻
小篆

韵
隶书

我遇到"匀"字，
就变成了"韵"字。

香中别有韵，清极不知寒。
"韵"原本是"韻"的异体字，
现在以"韵"为正体字。

小篆

歆
隶书

遇到"欠"字,
就变成了"歆(xīn)"字。

请鬼神歆享,闻闻祭品的香气。

小篆

喑
隶书

遇到"口"字,
就变成了"喑(yīn)"字。

喑哑难言。

小篆

韶
隶书

遇到"召"字,
就变成了"韶(sháo)"字。

韶华不为少年留。

小篆

黯
隶书

遇到"黑"字，
就变成了"黯（àn）"字。

黯淡梨花笼月影。

小篆

谙
隶书

遇到言字旁（讠），
就变成了"谙（ān）"字。

静中谙世味，贫里见亲疏。

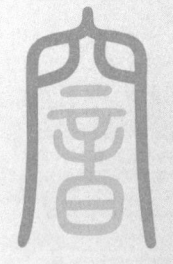

小篆

窨
隶书

遇到"穴"字，
就变成了"窨"字。

拈（niān）出清诗同讽咏，窨（yìn）来白酒馈（kuì）比邻。窨是地窨，也指地下室。窨（xūn）茶叶，是把茉莉花等花儿放在茶叶里面，使茶叶染上花的香味。"窨"是"熏"的通假字。

谷字旁

我是谷字旁。
我长这个样子：

打字的时候，
你打"gǔ"，
我就会现身。

我的祖先很酷。它们长这个样子：

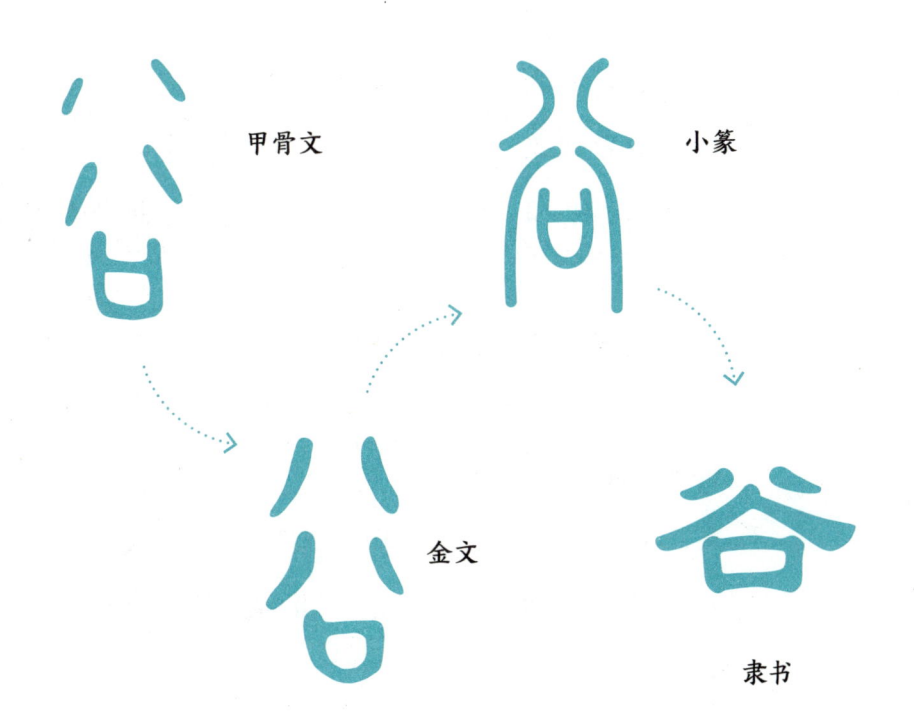

甲骨文

小篆

金文

隶书

你看我的甲骨文祖先，上边是不是两个"八"字？下边是不是一个"口"字？"八"字和"口"字组合在一起，是不是代表能够分水而出，越靠近出口越开阔的山间大沟？

后来，是不是慢慢演变成了一撇一点、一撇一捺、一竖、一个横折和一横？

我的故事

我呀，其实就是那个"谷"字，最初的意思是能够通泄水流的山间大沟，也就是山谷。

也有人认为，我的甲骨文祖先上边看起来像水滴或者波纹，是"水"字的省写。应该是省写的"水"字和"口"字组合在一起，以此来表示山谷。

我体形狭长，地势幽深。"空谷幽兰""虚怀若谷""进退维谷"这三个成语，即是这一特性的体现。

我比普通的沟壑（hè）要深许多。人们习惯用"谷底"来比喻最低点。"心情跌落到谷底"，就是这种用法。

古时候，有个"穀（gǔ）"字。它的左边，由一个"壳"字和一个"禾"字组成，表示带壳的农作物。"壳"字当中的"几"字，写成了一横。它的右边，是一个"殳（shū）"字，表示持械击打。整体组合在一起，意思就是可以用工具击打去壳的农作物，也就是稷（jì）、麦、稻、黍（shǔ）、菽（shū）之类的穀物。

穀物通常种植在山谷低洼地带。"穀"字又和我同音。人们干脆将"穀"字写成"谷"，"穀物"也随之变成了"谷物"。我因而具有双重身份，既表示山谷，也表示谷物。

"舂（chōng）谷持作饭，采葵持作羹（gēng）。"（出自汉·佚名《十五从军征》）

"山边幽谷水边村，曾被疏花断客魂。"[出自宋·张嵲（niè）《墨梅》]

很多古诗词里都有我的身影。

我来造字

我们这个家族的汉字，主要和山谷有关，和谷物有关。

我通常待在我朋友的右边，有时候也跑到其他位置。

因为我是以"**谷**"字的身份做偏旁，所以大家都叫我"**谷字旁**"。

小篆

浴

隶书

我遇到三点水（氵），
就变成了"浴"字。

沐浴一番。

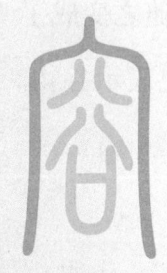

小篆

容

隶书

遇到宝盖儿（宀），
就变成了"容"字。

大肚能容。

小篆

欲

隶书

遇到"欠"字，
就变成了"欲"字。

己所不欲，勿施于人。

141

小篆

峪

隶书

遇到"山"字,
就变成了"峪(yù)"字。

我欲千树桃,夭夭(yāo)遍山峪。

小篆

鸲

隶书

遇到"鸟"字,
就变成了"鸲"字。

童子歌鸲(qú)鹆(yù),
幽人拜杜鹃。鸲鹆就是八哥。
杜鹃就是布谷鸟。

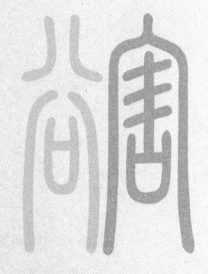

小篆

豁

隶书

遇到"害"字,
就变成了"豁"字。

墙上有豁(huō)口。眼前豁(huò)然开朗。

衣字旁

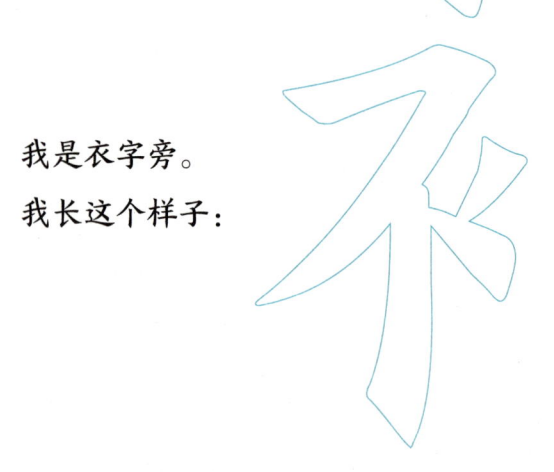

我是衣字旁。
我长这个样子：

打字的时候，
你打"yī"，
我就会现身。

我的祖先很酷。它们长这个样子：

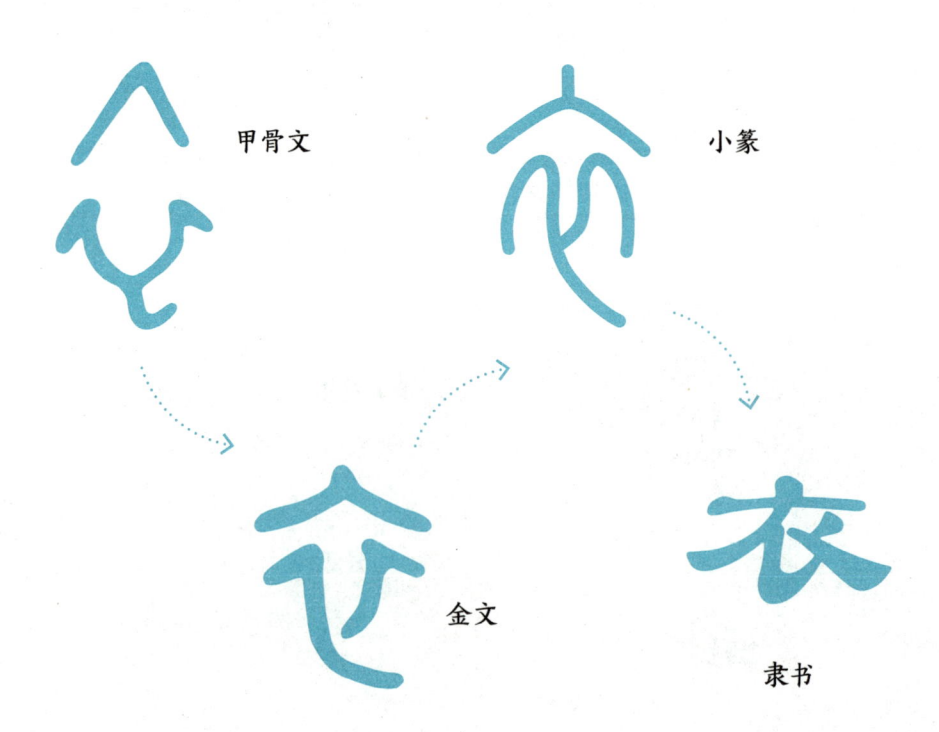

甲骨文

小篆

金文

隶书

你看我的甲骨文祖先,像不像一件上衣?上面那个锐角形的笔画,是不是代表衣领?下面那些笔画,是不是代表两个衣袖和左右相掩的衣襟?

后来,是不是慢慢演变成了一点一横、一撇、一个竖提和一撇一捺?

到了我这一辈,是不是最终演变成了一点、一个横撇、一竖和一撇一点?

我的故事

我呀,其实就是那个"衣"字,是它分化出来的写法,最初的意思是上衣,后来泛指衣服。

我既然是"衣"字的变体,自然也属于衣族,很了解自己这个家族的特性。

古有"上曰衣,下曰裳(cháng)"之分。"衣"专门指上衣,是一种带襟的上装。"裳"专门指下衣,是男女下身所穿的一种类似于裙子的服装。"东方未明,颠倒衣裳",说的就是东方曙(shǔ)光未现,穿颠倒了上衣和下衣。

现在,"衣"和"裳"组成"衣裳(shang)"一词,用来泛指衣服,既指上衣,也指下衣。

人们习惯用"衣"字来借指披在或者包在物

体外面的东西。包在药片外边的那层糖皮,叫"糖衣",能隔离苦味。包在竹笋(sǔn)外边的笋壳,叫"笋衣",是一道美食。

"衣"字还有一个读音为"yì",意思是穿。"衣褐"是穿着粗布衣服。"衣锦还乡"是穿着锦衣,返回家乡。

衣食住行是人类最基本的需求。我们的任务是让人人都有衣服穿,个个都穿上好衣服。

"事了拂(fú)衣去,深藏身与名。"(出自唐·李白《侠客行》)

"白骨已枯沙上草,家人犹自寄寒衣。"(出自唐·沈彬《吊边人》)

这些古诗词里的"衣"字,让我感到非常亲切,同时跟着沾染了一番诗意。

我来造字

我们这个家族的汉字,主要和衣服有关。
我总是待在我朋友的左边。
因为我是以"衣"字的身份做偏旁,所以大家都叫我"衣字旁"。

小篆

补

隶书

我遇到"卜"字，
就变成了"补"字。

女娲（wā）补天，我们补课。
"补"是"補"的简化字。

小篆

裤

隶书

遇到"库"字，
就变成了"裤"字。

灯笼裤像灯笼，开裆裤开着裆。
先有"绔"，再有"袴"和"裤"，
"裤"字现在简化成"裤"。"絝"
字同时也简化成"绔"，只用于"纨
绔"一词。纨绔，意思是细绢
做的裤子，借指富家子弟。

小篆

衲

隶书

遇到"内"字，
就变成了"衲（nà）"字。

身穿百衲衣，手捧百衲本。衲
是缝补，补缀。百衲衣，泛指
补丁很多的衣服，也特指用布
片拼缀而成的袈裟。百衲本，
泛指用很多不同的书本内容汇
集而成的书籍。比如《二十四史》
就是百衲本，它汇集了我国古
代的二十四部史书印制而成。

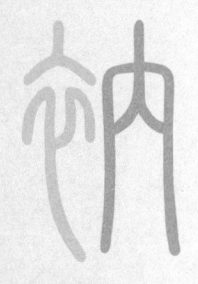

小篆

袱
隶书

遇到"伏"字,
就变成了"袱（fú）"字。

放下包袱（fu），轻装前进。

小篆

被
隶书

遇到"皮"字,
就变成了"被"字。

被子被他拿走了。

小篆

袒
隶书

遇到"旦"字,
就变成了"袒（tǎn）"字。

东晋郝（hǎo）隆（lóng）袒腹晒书。街头混混袒胸露臂。

食字旁

我是食字旁。
我长这个样子：

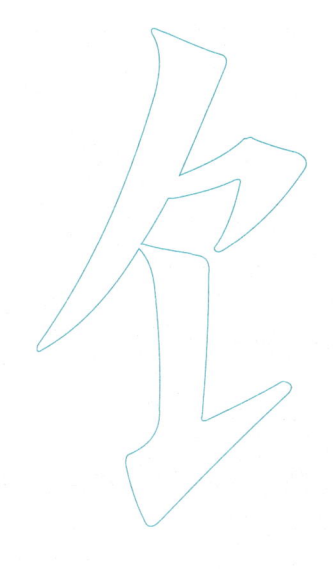

饣

打字的时候，
你打"shí"，
我就会现身。

我的祖先很酷。它们长这个样子：

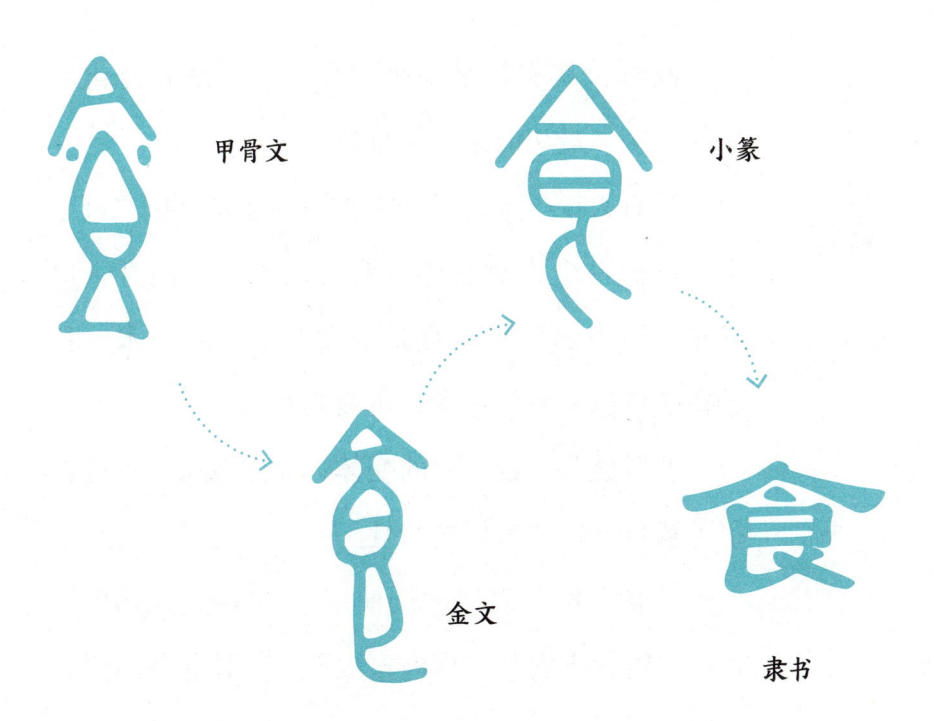

甲骨文

小篆

金文

隶书

你看我的甲骨文祖先，像不像盛放食物的器具？上面那些笔画，是不是代表盖子？中间那个椭（tuǒ）圆形的笔画，是不是代表肚子？下面那个三角形的笔画，是不是代表底座？肚子里那一横，是不是代表食物？肚子和盖子之间的两个小点，是不是代表食物冒出的热气？

后来，是不是慢慢演变成了一撇一捺、一点、一个横折、两横、一个竖提和一撇一点？

到了我这一辈，是不是最终演变成了一撇、一个横钩和一个竖提？

我的故事

我呀，其实就是那个"食"字，是它分化出来的写法，最初的意思是食物。

也有人说，我的甲骨文祖先头上是个倒"口"字，形似一个人对着盛放食物的器具，俯身张口进食，口下那两个小点是进食时流出的口水。我最初的意思应该是进食，也就是吃饭。

我既然是"食"字的变体，自然也属于食族，很了解自己这个家族的特性。

"食"字可以当动词使用。"废寝（qǐn）忘食""寝食不安""食肉寝皮"，都是这种用法。

"自食其言"和"自食其果",也是这种用法。

"食"字也可以当名词使用。"面食""肉食""素食""零食",都是这种用法。"饥不择食"和"节衣缩食",也是这种用法。

"食"字还有另外两个读音。

一个读"sì",意思是给人吃东西。"解衣（yī）衣（yì）我,推食（shí）食（sì）我",是说把衣服脱下来给我穿,把食物让给我吃。

一个读"yì",主要用于人名。郦（lì）食（yì）其（jī）是刘邦的谋士,有名的纵横家。"民以食为天"这句话,就出自他之口。

大家都离不开粮食。我们祝愿人人都能自食其力,个个都能丰衣足食。即使像日食和月食那样,出现暂（zàn）时的亏缺,也不要悲观失望。吃得饱、吃得好的那一天,一定能够到来。

"饥者重一食,寒者重一衣。"（出自唐·孟郊《秋怀十五首》）

"旅食逢寒食,风声佐（zuǒ）雨声。"（出自宋·罗公升《江州寒食》）

这些古诗词里的"食"字,让我感到非常亲切,同时跟着沾染了一番诗意。

我来造字

我们这个家族的汉字，主要和食物有关。

我总是待在我朋友的左边。

因为我等同于"食"字，实际上是以"食"字的身份做偏旁，所以大家都叫我"食字旁"。

小篆

饭

隶书

我遇到"反"字，
就变成了"饭"字。

古寺随僧饭，空林共鸟归。

小篆

馒

隶书

遇到"曼"字，
就变成了"馒"字。

馒头有圆有方。

小篆

饼
隶书

遇到"并"字,
就变成了"饼"字。

画饼充饥。

小篆

饺
隶书

遇到"交"字,
就变成了"饺"字。

过年要吃更岁饺子。

小篆

饱
隶书

遇到"包"字,
就变成了"饱"字。

曾经一顿饱,忘却累年饥。

酉字旁

我是酉字旁。
我长这个样子：

打字的时候，
你打"yǒu"，
我就会现身。

我的祖先很酷。它们长这个样子：

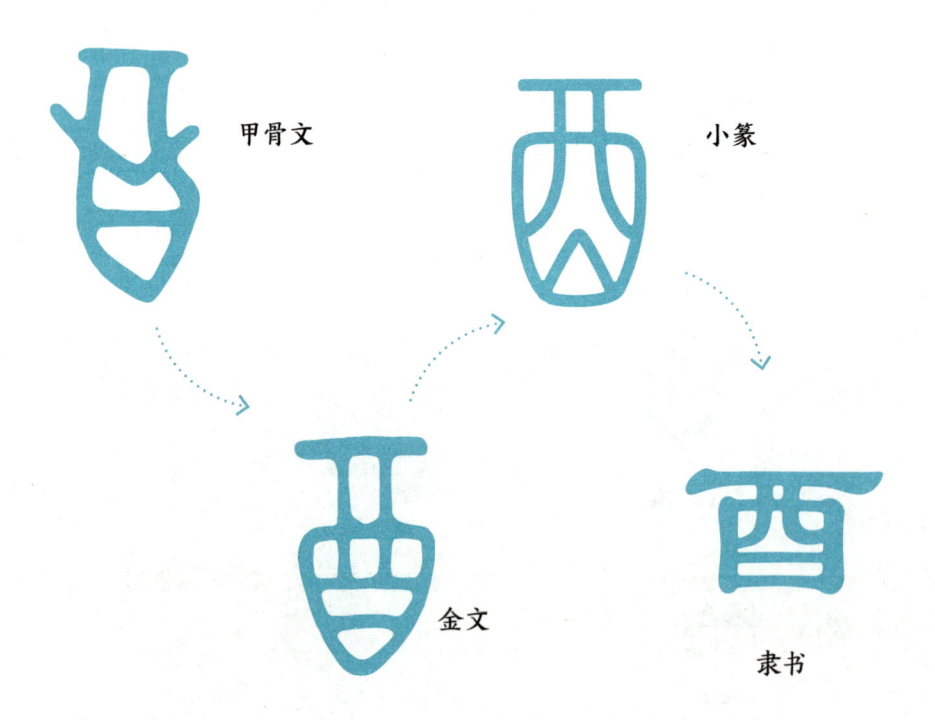

甲骨文

小篆

金文

隶书

你看我的甲骨文祖先，像不像盛有酒的酒坛子？上面那个粗粗的箭头形状的笔画，是不是代表酒塞子？肚子里那一横，是不是代表酒液？金文祖先和小篆祖先身上的酒塞子，是不是分别演变成了两横两竖和一个"π"形笔画？

后来，是不是慢慢演变成了一横一竖、一个横折、一撇、一个竖折和两横？

我的故事

我呀，其实就是那个"酉"字，最初的意思是酒坛子，也用来借指酿（niàng）制完毕，装在酒坛子里的酒。

马王堆汉墓帛（bó）书《春秋事语》里说："悬钟而长饮酉。"我在这里面的意思，就是酒。

当我被假借为"地支"，主要用来纪年、纪月、纪日和纪时以后，人们在我左边增加一个三点水，另造一个"酒"字，代替我来表达我原来的意思。

《说文解字》里说我是"就也"。"就"的意思是成就和成熟。我和"就"字韵母相同。按照许慎先生的说法，我对应着夏历八月。此时的黍（shǔ）子已经成熟，正好可以用来酿酒。这个月因此也叫"酉月"。

我对应着"十二时辰"之一的酉时。

酉时是指下午五点到七点这个时间段,即太阳完全落山之前的日落时分,也叫"日入""日沉""傍晚"。酉时一到,古代官府就在衙门前挂出写有我的"酉字牌",不再办公。

酉时是太阳落山和鸡归巢的时刻。人们习惯将"十二生肖"之鸡称为"酉鸡"。酉鸡有吉,大吉大利。

"人生一日事,忽已卯(mǎo)至酉。"(出自宋·方回《十月二十二夜三更读清波杂志至五更》)

"今朝解了公家事,尽听辕(yuán)门报酉时。"(出自宋·乐雷发《访赵愚斋不遇》)

很多古诗词里都有我的身影。

我来造字

我们这个家族的汉字,主要和酒有关。

我通常待在我朋友的左边,有时候也跑到其他位置。

因为我是以"酉"字的身份做偏旁,所以大家都叫我"**酉字旁**"。

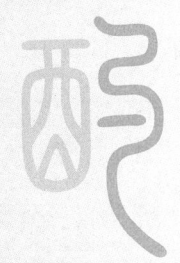

小篆

酌
隶书

我遇到"勺"字,
就变成了"酌(zhuó)"字。

两人对酌山花开。

小篆

酿
隶书

遇到"良"字,
就变成了"酿"字。

蜜蜂酿蜜,人酿酒。
酝酿一番,写篇文章。
"酿"是"釀"的简化字。

小篆

酗
隶书

遇到"凶"字,
就变成了"酗(xù)"字。

不可酩(mǐng)酊(dǐng)大醉,
切勿酗酒滋事。
"酗"原本是"酌"的异体字,
现在以"酗"为正体字。

小篆

酵
隶书

遇到"孝"字,
就变成了"酵（jiào）"字。

用酵母菌发酵。

小篆

酽
隶书

遇到"严"字,
就变成了"酽（yàn）"字。

酒酽茶浓待客来。
"酽"是"釅"的简化字。

小篆

醍
隶书

遇到"是"字,
就变成了"醍"字。

醍（tí）醐（hú）即酥（sū）油,是经过多道工序从牛奶中提炼出来的精华,佛教常用它来借指佛性和最高佛法。醍醐灌顶,是将醍醐浇注到人的头顶上,用来比喻灌输智慧,使人彻悟。

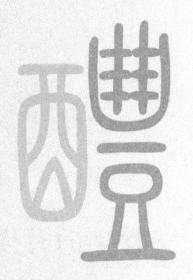

小篆

醴
隶书

遇到"豊(lǐ)"字,
就变成了"醴(lǐ)"字。

醴泉出山,泉水甘甜。

小篆

酋
隶书

遇到一点和一撇,
就变成了"酋(qiú)"字。

部落酋长大战独眼匪酋。

小篆

酱
隶书

遇到"将"字,
省掉"寸"字,
就变成了"酱"字。

出门买肉酱,顺便打酱油。

齐字旁

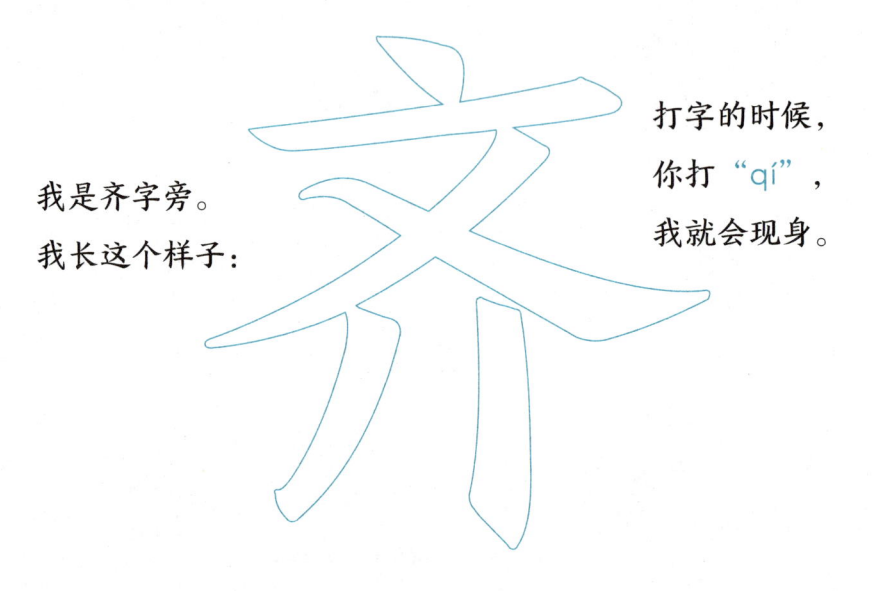

我是齐字旁。
我长这个样子：

打字的时候，你打"qí"，我就会现身。

我的祖先很酷。它们长这个样子：

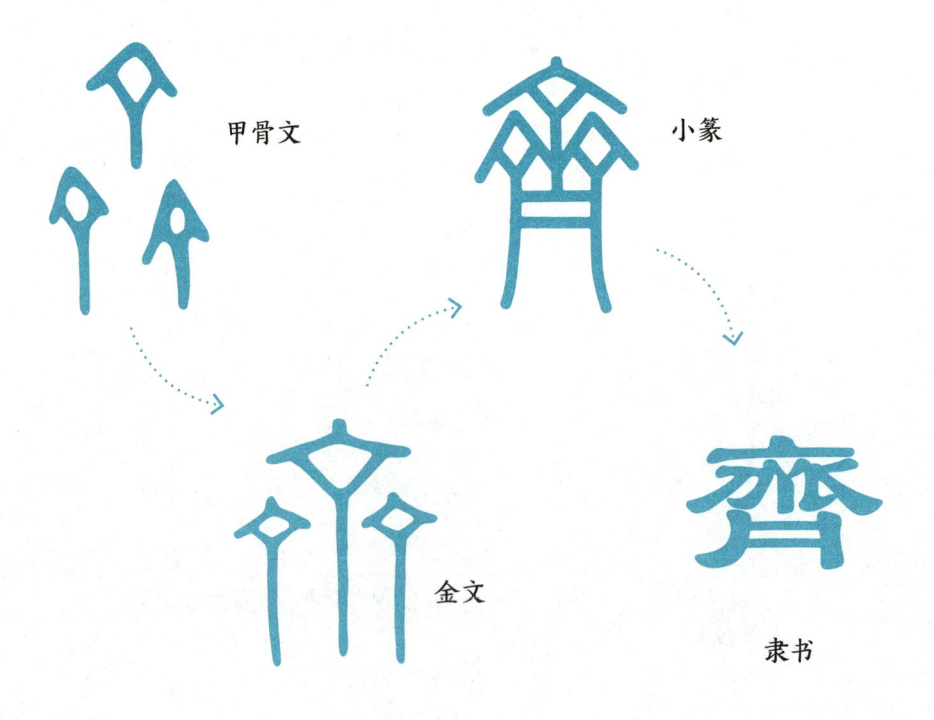

甲骨文

小篆

金文

隶书

你看我的甲骨文祖先，像不像地里长势整齐的禾穗（suì）？小篆祖先身上，是不是还增加了两横？这两横，是不是用来代表禾穗萌（méng）出的土地？

到了我这一辈，是不是最终演变成了一点一横、一撇一捺和一撇一竖？

我的故事

我呀，其实就是那个"齐"字，是"齊（qí）"的简化写法，最初的意思是穗头整齐划一，借指整齐。

《说文解字》里说我是"禾麦吐穗上平也"。同一块地里的庄稼，基本都是同时播种，同时萌芽，吐出来的禾穗也高低一致，大体相齐。即使因地面低洼不平，导致禾穗有高有低，也不能改变禾穗高度基本一致的事实。

这正应了清朝训诂（gǔ）学家段玉裁先生所言："禾麦随地之高下为高下，似不齐而实齐。""参（cēn）差（cī）其上者，盖明其不齐而齐也。"

也有人说，我的小篆祖先身上增加的那两横，代表的不是土地，而是以等长的两横来表示禾苗的高度均匀一致。

我由整齐又引申出其他一些意思。

"举案齐眉"和"大水齐腰"里的我，意思都是齐平。

"百花齐放"和"众鸟齐飞"里的我，意思都是同时。

"人已到齐"和"礼物备齐"里的我，意思都是齐全。

"修身、齐家、治国、平天下"里的我，意思是管理。

我还是齐国的简称。齐国是西周时期的一个诸侯国，也是"齐文化"的发祥地。"齐鲁大地"里的我，指的就是齐国。齐国的第十五位国君叫"齐桓（huán）公"，位列"春秋五霸"之首。田氏代齐后，田齐第三位国君也叫"齐桓公"。他所创建的稷（jì）下学宫，是当时"百家争鸣"的主要场所。

"西北有高楼，上与浮云齐。"（出自汉·佚名《古诗十九首·西北有高楼》）

"一番桃李花开尽，惟有青青草色齐。"（出自宋·曾巩《城南二首》）

很多古诗词里都有我的身影。

我来造字

我们这个家族的汉字，主要和整齐有关。

我通常待在我朋友的右边，有时候也跑到其他位置。

因为我是以"齐"字的身份做偏旁，所以大家都叫我"齐字旁"。

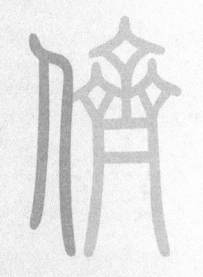

小篆

侪
隶书

我遇到单人旁（亻），
就变成了"侪（chái）"字。

同侪是同辈，吾侪是我辈。

小篆

济
隶书

遇到三点水（氵），
就变成了"济"字。

济（jǐ）水为古代江、河、淮、济"四渎（dú）"之一。人才济济（jǐ），是人才众多。同舟共济(jì)，是同船共渡。无济(jì)于事，是无补于事。

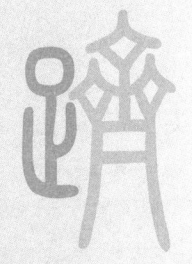

小篆

跻
隶书

遇到"足"字，
就变成了"跻（jī）"字。

"跻"的意思是登上和上升。跻身百强，即跨入百强。

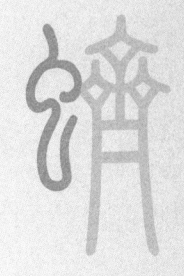

小篆

蛴
隶书

遇到"虫"字，
就变成了"蛴"字。

蝤（qiú）蛴（qí）是天牛幼虫。
蛴螬（cáo）是金龟子幼虫。

小篆

脐
隶书

遇到"月"字，
就变成了"脐（qí）"字。

肚脐眼是脐带脱落的地方。

小篆

荠
隶书

遇到草字头（艹），
就变成了"荠"字。

春挖荠（jì）菜，秋食荸（bí）荠（qi）。

选自赵孟頫书《道德经》

故道生之畜之長之育之成之熟之養之
覆之生而不有為而不恃長而不宰是謂
玄德
天下有始以為天下母既得其母以知其
其子復守其母没身不殆塞其兑閉其門終
身不勤開其兑濟其事終身不救見小曰
明守柔曰强用其光復歸其明無遺身殃
是謂襲常
使我介然有知行於大道唯施是畏大道甚
夷而民好徑朝甚除田甚蕪倉甚虛服文

名帖赏析

《道德经》是春秋时期哲学家老子所著，是道家思想的重要来源。赵孟頫（fǔ），元初著名书画家，主张"书画同源"。绘画方面，开元代新风，有"元人冠冕"之誉。书法方面，诸体皆擅，独创"赵体"，与欧阳询、颜真卿、柳公权并称"楷书四大家"。赵孟頫书《道德经》，系其晚年小楷代表作。

韭字旁

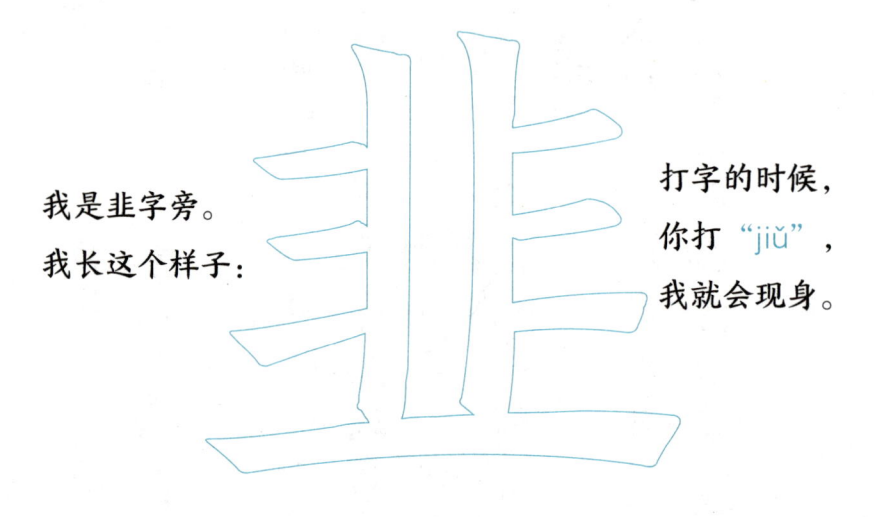

我是韭字旁。
我长这个样子：

打字的时候，
你打"jiǔ"，
我就会现身。

我的祖先很酷。它们长这个样子：

小篆

隶书

你看我的小篆祖先，像不像丛生的韭菜？下面那一横，是不是代表土地？上面那两竖，是不是代表韭菜茎？韭菜茎两侧那些笔画，是不是代表韭菜叶？

后来，是不是慢慢演变成了两组"一竖三横"和另外一横？

我的故事

我呀，其实就是那个"韭"字，最初的意思是韭菜。

"发如韭，剪复生。"我是宿根，割掉一茬(chá)，还会长出一茬。因为我一种而久，久久而生，所以人们取"久"的谐(xié)音，将我命名为"韭"。

我和"九"字也互为谐音。南齐尚书左丞庾(yǔ)杲(gǎo)之，向来清贫节俭，平时主要吃腌韭菜、煮韭菜和生韭菜。时人以"三韭（九）"相戏称，说他一顿饭要吃三九二十七种菜。人们常用"三韭"来形容生活清贫。

我味道鲜美，古人常用我来做腌韭菜和煮韭菜，也可生着吃或者炒着吃。韭菹(zū)是腌(yān)韭菜，瀹(yuè)韭是煮韭菜，两者的味道都不错。韭菜炒鸡蛋、韭菜水饺，更是让人垂涎(xián)欲滴。

"供韭林宗，夜向灯前冒雨剪。"这里的"林宗"，即东汉名士郭泰（字林宗）。他曾自种畦（qí）圃（pǔ），友人范逵夜至时，"冒雨剪韭，作汤饼以供之"。杜甫的名句"夜雨剪春韭，新炊间黄粱"，即是化用了郭林宗"冒雨剪韭"的典故。

我开的花，叫"韭菜花"，简称为"韭花"。唐末至后周时期的书法家杨凝式，午睡醒来，吃了别人送的韭花，回信感谢。这件墨迹被后人称为《韭花帖》，位列"十大行书"之五。

"一畦（qí）春韭绿，十里稻花香。"（出自清·曹雪芹《杏帘在望》）

"早韭欲争春，晚菘（sōng）先破寒。"（出自宋·苏轼《和陶西田获早稻》）

很多古诗词里都有我的身影。

我来造字

我们这个家族的汉字，主要和韭菜有关。

我通常待在我朋友的下边，有时候也跑到其他位置。

因为我是以"韭"字的身份做偏旁，所以大家都叫我"**韭字旁**"。

我遇到草字头（艹），
就变成了"韭（jiǔ）"字。

韮菜即韭菜，去掉草字头，无草一身轻。
"韮"原本是"韭"的异体字，由"韭"字增加一个草字头而来，现在以"韭"为正体字。

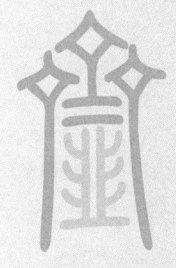

小篆

韭

隶书

遇到"齐"字，
就变成了"齑（jī）"字。

齑是切成碎末的韭菜，引申为细和碎等意思。划粥断齑，是用刀划开凝固的粥饭，将韭菜切成碎末。朝齑暮盐，是早晚就着碎韭菜和盐吃饭。化为齑粉，是化成碎粉。
"齑"是"齏"的简化字。

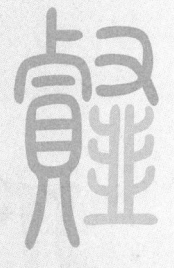

小篆

齑

隶书

遇到草字头（艹）和"歹"字，
就变成了"薤（xiè）"字。

薤上露，何易晞（xī）！薤是野蒜，蒜头白白的，称之为"薤白"或者藠（jiào）头。
"薤"原本是"韰"的异体字，现在以"薤"为正体字。

小篆

薤

隶书

瓜字旁

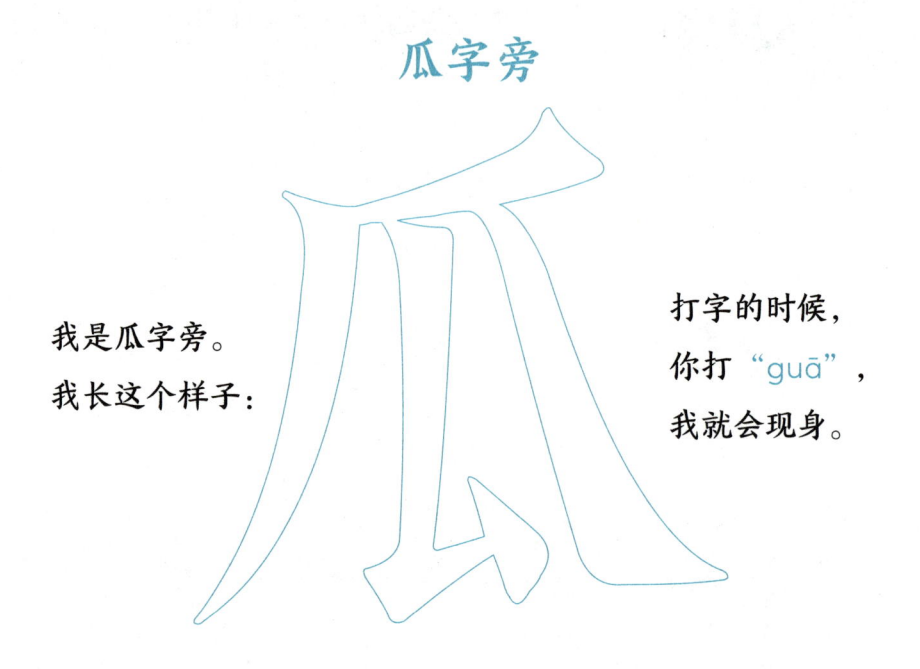

我是瓜字旁。
我长这个样子：

打字的时候，你打"guā"，我就会现身。

我的祖先很酷。它们长这个样子：

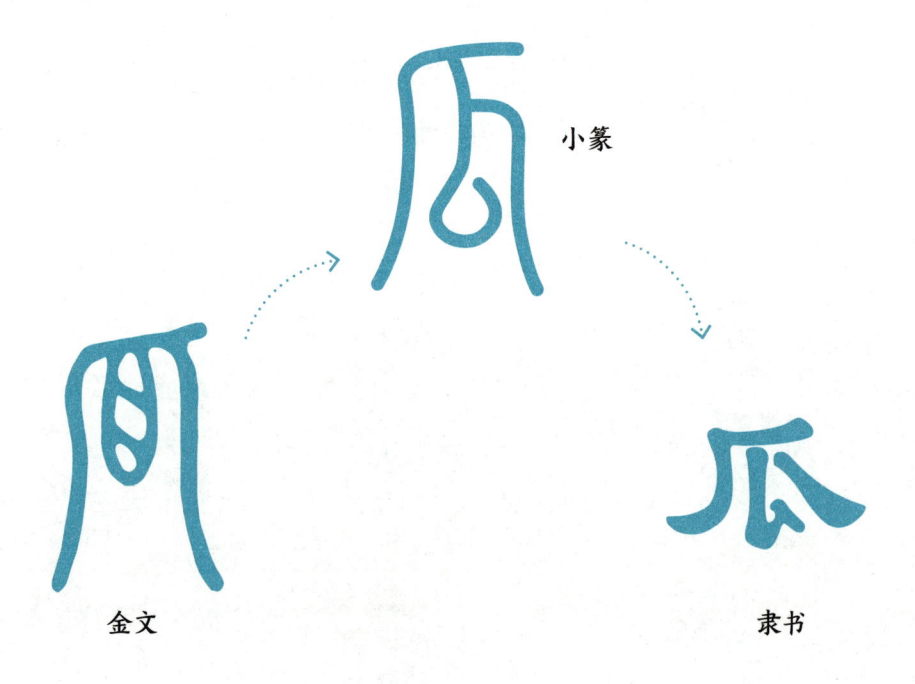

小篆

金文

隶书

你看我的金文祖先，两侧那些笔画，像不像从主蔓（wàn）上分生出来的侧蔓？中间那个椭（tuǒ）圆形的笔画，像不像结在藤蔓上的瓜？

后来，是不是慢慢演变成了两撇、一个竖提和一点一捺？

我的故事

我呀，其实就是那个"瓜"字，最初的意思是结在藤蔓上的瓜，是一种葫芦科植物的果实。

我身上那两撇和一捺，代表的是一根主蔓和两根侧蔓。那个竖提和一点，形似挺身抬脚的"厶（sī）"字，代表的是藤蔓所结之瓜。

"顺藤摸瓜"这个成语，说的就是我。我的特点是结在藤蔓上。不管是在地上爬的藤蔓，还是吊在架子上的藤蔓，你顺着它们就能找到我。

我和"葛"都是藤本植物。我们组成"瓜葛"一词，用来比喻互相牵连。

我有圆形的和椭圆形的，也有长圆形的。我的适应性很强。你把我放在方形模具里，我就会长成方形。

《诗经》里有"七月食瓜,八月断壶"的诗句。七月是吃瓜的季节,八月是摘葫芦的季节。

我还含有瓜熟的意思。"瓜时而往",是说瓜熟的时候,前去任职。"及瓜而代",是说到明年瓜熟的时候,派别人去接任。

"瓜熟蒂落",是说我们熟透了以后,瓜蒂会自行从我们身上脱落。

"瓜分"一词,是说像切瓜一样分割领土,或者分配物品。

我们平时待在那里一动不动,被动地等人来摘。人们习惯用我们来形容呆傻。我因而还含有呆傻的意思。"瓜样子"和"瓜娃子",就都含有这层意思。

古诗《君子行》里说:"瓜田不纳履(lǚ),李下不正冠。"其实,当您走过瓜田的时候,我倒是希望您弯腰低头,把鞋子提一提,好让我仔细看看您的脸,看看您是一个什么样的人。

要知道,我们这些瓜也是很寂寞、很喜欢交朋友的。

"景物因人胜,茶瓜为客留。"(出自宋·杨公远《再用韵十首》)

"见说瓜堪(kān)摘,闲过洲上来。"[出自明·鲁铎(duó)《凫(fú)洲即事》]

很多古诗词里都有我的身影。

我来造字

我们这个家族的汉字，主要和瓜有关。

我通常待在我朋友的右边，有时候也跑到其他位置。

因为我是以"瓜"字的身份做偏旁，所以大家都叫我"瓜字旁"。

小篆

瓞

隶书

我遇到"失"字，
就变成了"瓞（dié）"字。

大者为瓜，小者为瓞。瓜瓞绵绵，子孙昌盛。

小篆

瓠

隶书

遇到"夸"字，
就变成了"瓠（hù）"字。

瓠子又细又长，形似棒槌（chui）。

小篆

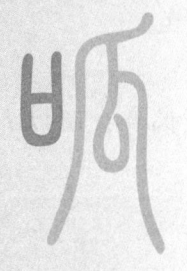

呱

隶书

遇到"口"字,
就变成了"呱"字。

青蛙呱呱(guā)叫,婴儿呱呱(gū)坠地。

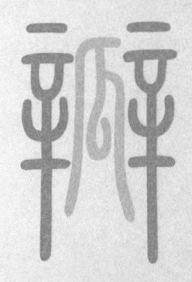

小篆

瓣

隶书

遇到两个"辛"字,
就变成了"瓣"字。

一瓣橘子,一个橘子瓣。

果字旁

我是果字旁。
我长这个样子：

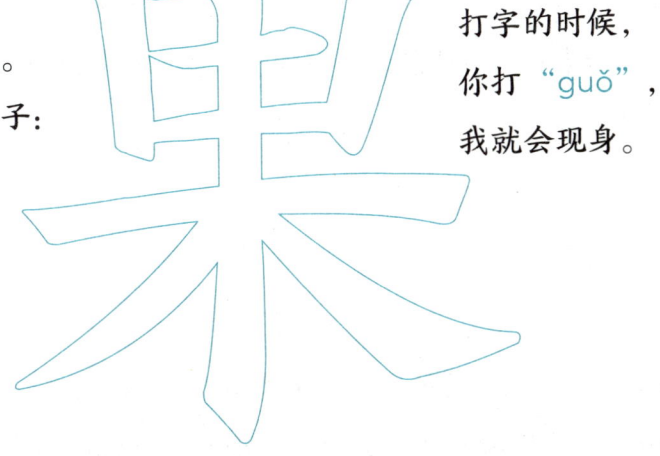

果

打字的时候，
你打"guǒ"，
我就会现身。

我的祖先很酷。它们长这个样子：

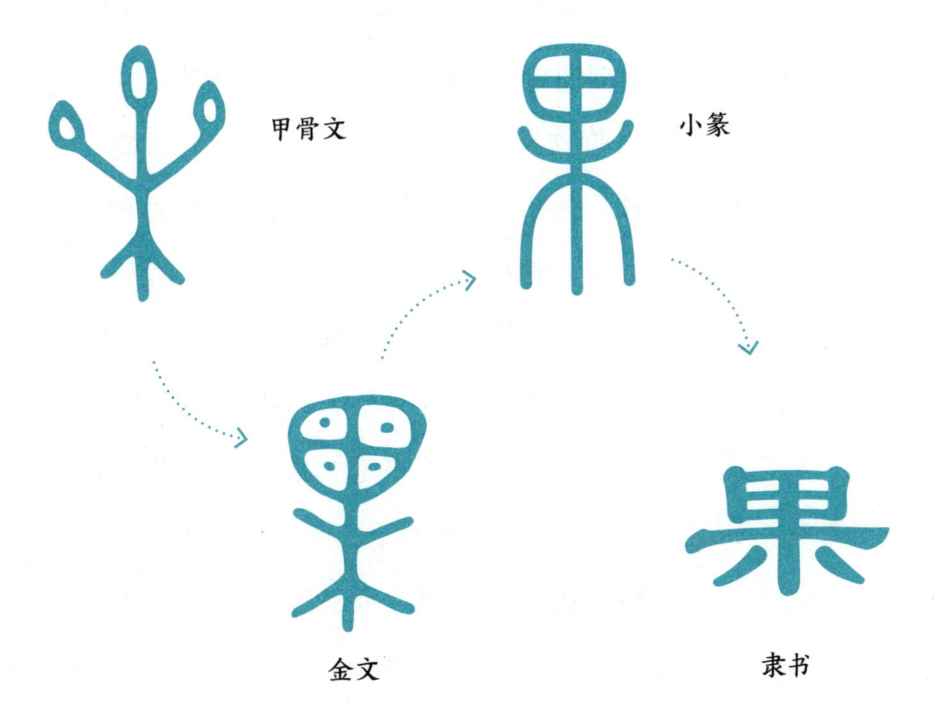

甲骨文

小篆

金文

隶书

你看我的甲骨文祖先，像不像树上结有果子的形状？金文祖先是不是只保留了一个果子，并且画出了里面的种子？

后来，是不是慢慢演变成了一竖、一个横折和三横一竖、一撇一捺？

我的故事

我呀，其实就是那个"果"字，最初的意思是树上结的果实，泛指所有植物的果实。

也有人说，我的金文祖先下面是一个"木"字，"木"字上面那个圆圈和一横一竖代表树冠，树冠里面那四个小点代表树木所结的果实。

我是植物发芽、开花和结果过程中的最后一步，因而又引申为事情的结果和结局等意思。"自食其果"和"前因后果"，就都含有这层意思。

我和"断"字组成"果断"一词，形容做事有决断，不犹豫。"言必信，行必果"，是说说话一定要讲诚信，做事一定要果断。果子从树上断落的时候，总是垂直而下，毫不犹豫。

我和"然"字组成"果然"一词。"然"字用在词尾，表示事物的状态。"果然"的字面意思，即是结果的状态、结果的样子，可以理解成"结果真是这样"，用来强调不出所料，事后结果和事前预料相符。

"果然"还衍（yǎn）生出"果不其然"和"果不然"两个词语。就像"好不热闹"和"好热闹"，"好不威风"和"好威风"意思相同一样，它们的意思也相同。

《庄子·逍遥游》里说："适莽苍者，三餐而反，腹犹果然。适百里者，宿（xiǔ）舂（chōng）粮。适千里者，三月聚粮。"到郊（jiāo）野去的人，吃完当天所带的三顿饭回来，肚子饱得还像果子一样。你是想做"适莽苍者"，还是想做"适百里者"和"适千里者"呢？

人类吃饱饭后，肚子都会鼓起来，像我一样圆滚滚的。我因而还含有填饱和充实等意思。"果腹"即是填饱肚子。

"果下牛"和"果下马"，是身高仅有三尺的矮牛和矮马。骑在它们身上，可以穿行于果树之下。按照汉代的尺寸计算，它们的身高其实不足一米，却能驮着一个大人行走。

"野禽偷果去，童子借经还。"（出自宋·赵师秀《和鲍县尉》）

"果落见猿过，叶干闻鹿行。"（出自唐·温庭筠《早秋山居》）

很多古诗词里都有我的身影。

我来造字

我们这个家族的汉字，主要和果实有关。

我通常待在我朋友的右边，有时候也跑到其他位置。

因为我是以"果"字的身份做偏旁，所以大家都叫我"果字旁"。

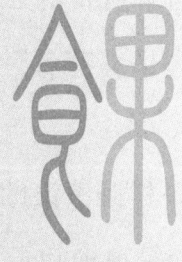

小篆

馃 隶书

我遇到食字旁（饣），
就变成了"馃（guǒ）"字。

摊煎饼馃子，炸（zhá）香油馃子。

小篆

裸 隶书

遇到衣字旁（衤），
就变成了"裸（luǒ）"字。

裸子植物，裸露种子。

小篆

裸

隶书

遇到示字旁（礻），
就变成了"祼（guàn）"字。

祼即灌祭，祭祀（sì）时将杯中
之酒浇在地上。

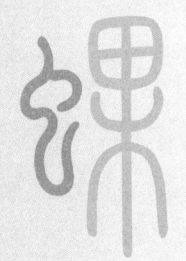

小篆

蜾

隶书

遇到"虫"字，
就变成了"蜾"字。

蜾（guǒ）蠃（luǒ）就是土蜂，
大胸、细腰、圆肚。

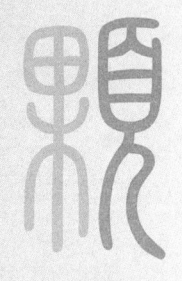

小篆

颗
隶书

遇到"页"字,
就变成了"颗"字。

樱桃红颗压枝低,绿兼红好眼中迷。

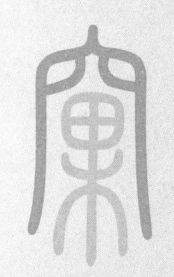

小篆

窠
隶书

遇到"穴"字,
就变成了"窠(kē)"字。

麦风翻蝶梦,花露湿蜂窠。蜂窠即蜂巢、蜂窝。

甘字旁

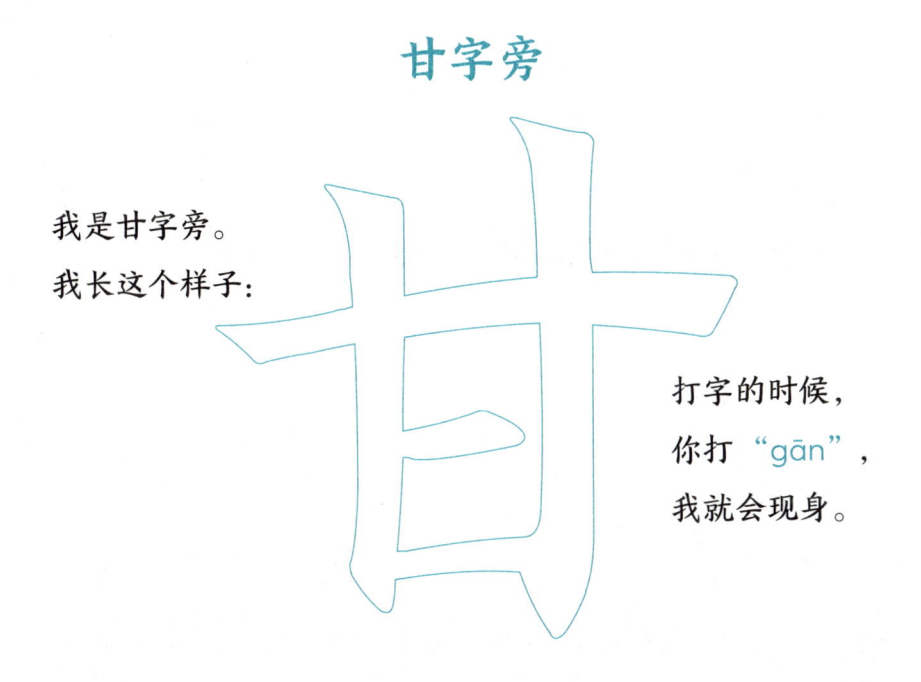

我是甘字旁。
我长这个样子:

打字的时候,
你打"gān",
我就会现身。

我的祖先很酷。它们长这个样子:

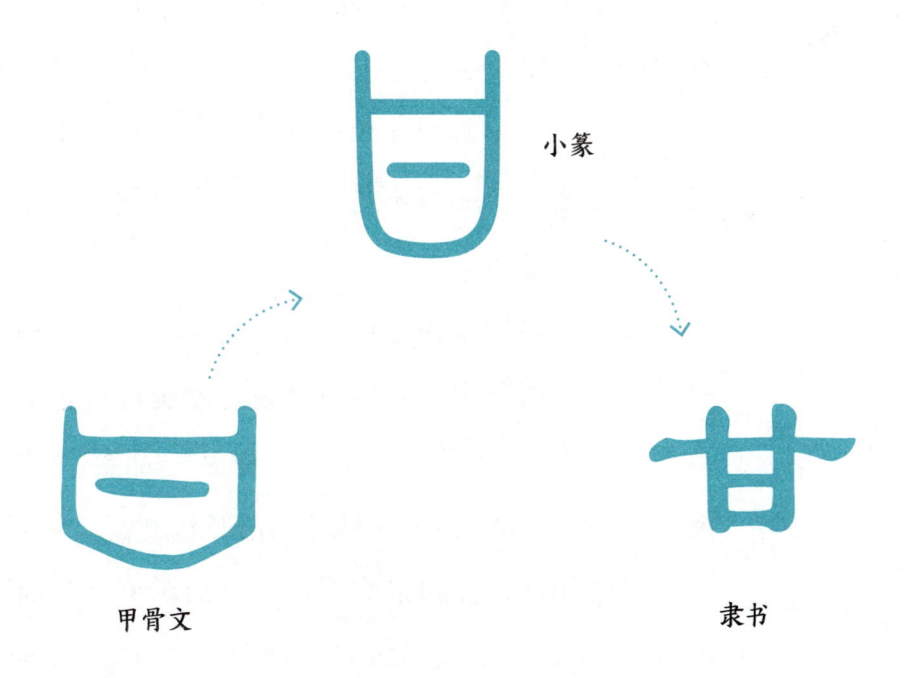

小篆

甲骨文　　　　隶书

你看我的甲骨文祖先,是不是由"口"字和一横组成?"口"字当中那一横,是不是表示口中所含乃甜美之物?

后来,是不是慢慢演变成了一横一竖和一竖两横?

我的故事

我呀,其实就是那个"甘"字,最初的意思是味美,甜美可口。

清朝学者朱骏声在《说文通训定声》里说:"五味之美皆曰甘。"

我使人口感舒服,乐于接受,因而还引申为情愿的意思。"心有不甘"和"甘愿受罚",就都含有这层意思。

当我主要用来表达情愿这层意思以后,人们另造一个"甜"字,代替我来表达甜美可口这层意思。"甜瓜""甜饼""甜酒","甜美""甜蜜""甜滋滋"……一大波透着甜味的词语开始出现。

尽管如此,我并未完全退出"甜美可口"的舞台。"甘露""甘霖(lín)""甘泉","甘草""甘蔗（zhe）""甘薯（shǔ）"，"同甘共苦""苦尽甘来""甘之如饴（yí）"——这些流传至今的词语都是很好的证明。

古有"直木先伐，甘井先竭"之说，以此劝导大家"虚己"和"无为"。作为"五味之美"的我，倒觉得"先竭"反而是尽快实现了自己的人生价值。

我还是甘肃省的简称。此省的省名是取甘州和肃州二地的首字而来。甘州因城内甘泉遍地而得名。此二州即当今的张掖（yè）和酒泉。

"竹竿有甘苦，我爱抱苦节。"（出自唐·刘驾《苦寒吟》）

"愿分一勺泉，为民作甘霖（lín）。"（出自宋·徐冲渊《清音亭憩暑》）

很多古诗词里都有我的身影。

我来造字

我们这个家族的汉字，主要和甜美有关。

我通常待在我朋友的右边，有时候也跑到其他位置。

因为我是以"甘"字的身份做偏旁，所以大家都叫我"甘字旁"。

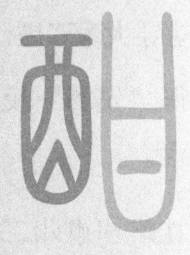

小篆

酣
隶书

我遇到"酉（yǒu）"字，
就变成了"酣（hān）"字。

这边酣饮不知醉，那边万马战犹酣。

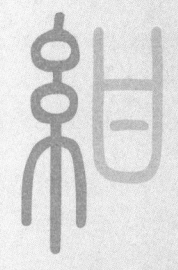

小篆

绀
隶书

遇到绞丝旁（纟），
就变成了"绀（gàn）"字。

绀珠深青透红，也叫"记事珠"。
持弄此珠，遗忘之事瞬时得记。

小篆

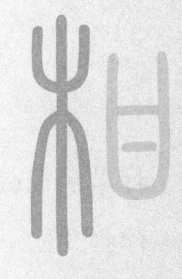

柑

隶书

遇到"木"字,站到它右边,就变成了"柑"字。

柑(gān)橘(jú)很甜,柑比橘大。

小篆

某

隶书

遇到"木"字,站到它头上,就变成了"某(mǒu)"字。

某年某月,某人某事。
"某"字最初读作"méi",意思是酸梅。后来,它被假借为指示代词,专门指代不确知或不便言明的对象。人们造出"楳(méi)""槑(méi)"二字,代替它来表达酸梅这层意思。再后来,又借用"梅"字作为正体字,"楳"和"槑"变成了异体字。

白字旁

我是白字旁。
我长这个样子：

打字的时候，
你打"bái"，
我就会现身。

我的祖先很酷。它们长这个样子：

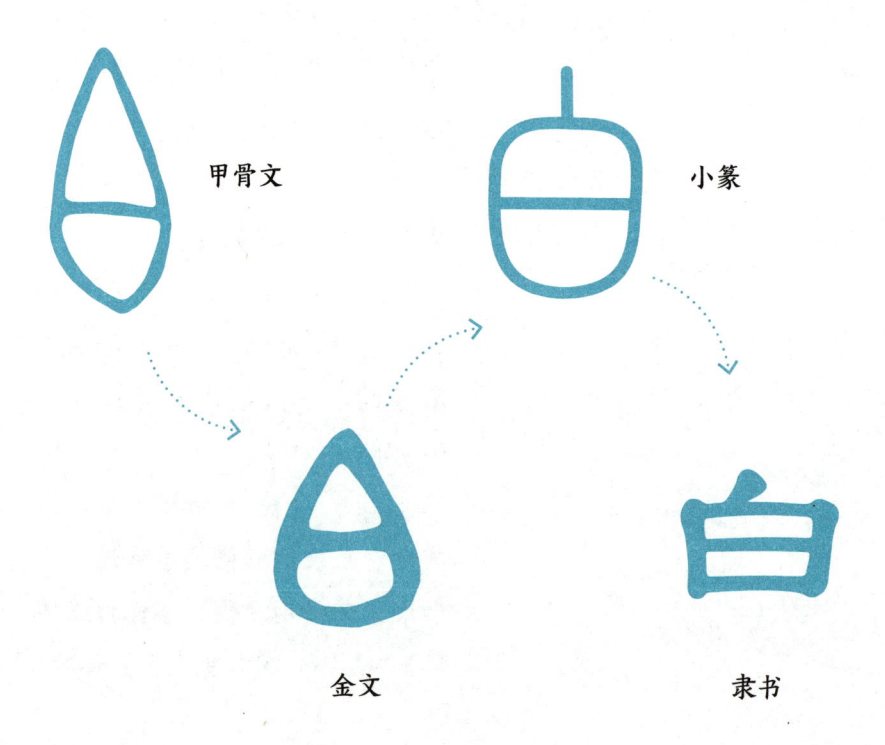

甲骨文

小篆

金文

隶书

你看我的甲骨文祖先,像不像去壳的稻米?中间那一横,是不是对稻米自身色泽的突出和强调?

后来,是不是慢慢演变成了一撇一竖、一个横折和两横?

我的故事

我呀,其实就是那个"白"字,最初的意思是白色。

水稻是"五谷"之一,原产地在中国。新石器时代中期就已经开始种植,距今至少有7000年的历史。

白色没有具体的形状,造字的时候不好描画。脱壳后的稻米,正好是白色。古人干脆借用大家都熟悉的稻米形象,用稻米来表示白色。

《周礼·天官》里面说:"朝事之笾(biān),其实麷(fēng)、蕡(fén)、白、黑、形盐、膴(hū)、鲍(bào)鱼、鱐(sù)。"周朝行朝事之礼时,竹笾里面盛的是炒麦、麻子、稻米、黑黍、虎形盐块、干肉、咸鱼、干鱼。古人习惯称稻米为"白",

从中是不是也能看出借用稻米来造字的渊源？

白色的东西，看起来自然会很亮。我因此还含有亮的意思。"东方发白"就含有这层意思。

因为白而透明，看起来像空无所有的样子，所以我还引申为空白和没有效果、没有付出等意思。"交白卷""话白说""吃白食"，就分别含有上述意思。

我和"黑"字相对。人们通常用我们来借指白天和黑夜。"没白没黑"就是这种用法。

黑夜看东西模糊，白天看东西清晰（xī）。我因而还引申为清楚和明白等意思。"真相大白"和"不白之冤"，就都含有这层意思。

我身上阴气很重，还是丧事的象征。五行学说里有"西方属金，颜色为白"之说。人们在给去世的亲人办丧事的时候，都是穿白色的孝服，戴白色的孝帽，以此祈（qí）愿亡灵安详归西。丧事因此也称为"白事"。

"别字"也叫"白字"，可能是我读"bái"，"别"读"bié"，读音相近，误听误写所致。

"饮不釂（jiào）者，浮以大白"，意思是饮酒不尽者，罚饮一大杯。

"浮以大白"和"罚以大杯"，"浮（fú）"和"罚（fá）"二字是不是读音相近？"杯（bēi）"和"白（bái）"二字，是不是读音也相近？

"白日地中出，黄河天外来。"[出自唐·张蠙（pín）《登单于台》]

"山明月露白，夜静松风歇。"（出自唐·李白《游泰山六首》）

很多古诗词里都有我的身影。

我来造字

我们这个家族的汉字，主要和白色有关。

我通常待在我朋友的左边，有时候也跑到其他位置。

因为我是以"白"字的身份做偏旁，所以大家都叫我"白字旁"。

小篆

皑

隶书

我遇到"岂"字，就变成了"皑（ái）"字。

白雪皑皑。

"皑"是"皚"的简化字。

小篆

皓
隶书

遇到"告"字,
就变成了"皓(hào)"字。

皓月当空。"皓"的意思是洁白、明亮。
"皓"原本是"皜"的异体字,现在以"皓"为正体字。

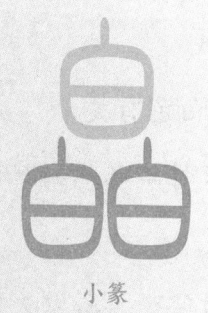

小篆

皛
隶书

遇到我弟弟和我妹妹,
就变成了"皛(xiǎo)"字。

天皛无云,洁净明亮。

小篆

皙
隶书

遇到"析"字,
就变成了"皙(xī)"字。

皮肤白皙,长得真白啊!

赤字旁

我是赤字旁。
我长这个样子：

打字的时候，
你打"chì"，
我就会现身。

我的祖先很酷。它们长这个样子：

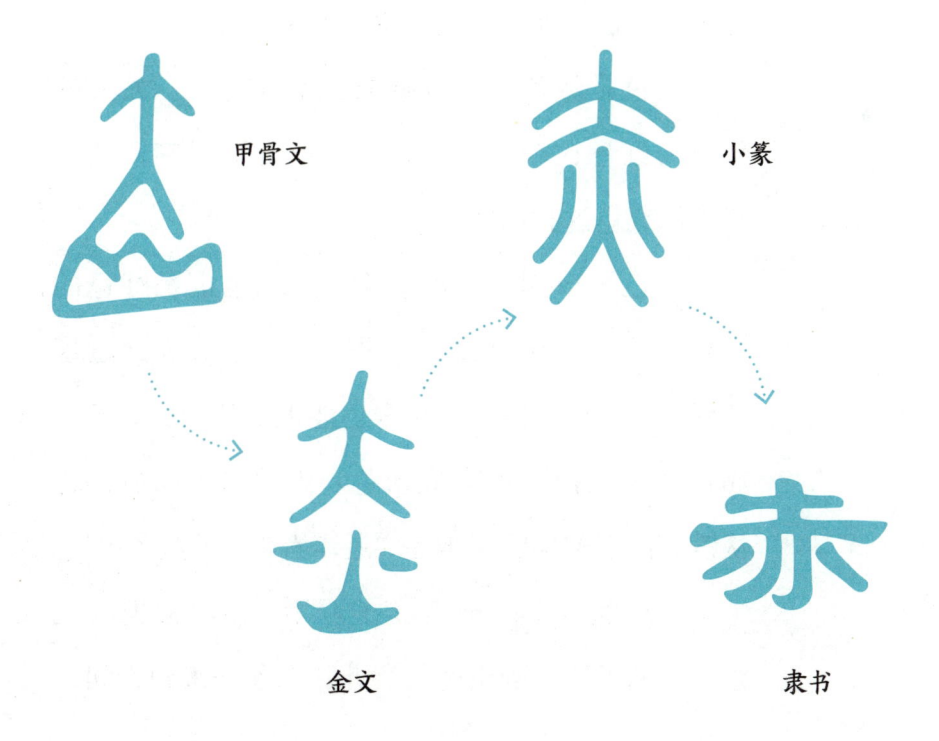

甲骨文

小篆

金文

隶书

你看我的甲骨文祖先，上边是不是形似人形的"大"字？下边是不是形似火焰的"火"字？"大"字和"火"字组合在一起，是不是表示火红的大火？

后来，那个"大"字是不是慢慢演变成了一个"土"字？那个"火"字是不是演变成了一撇、一个竖钩和一撇一点？

我的故事

我呀，其实就是那个"赤"字，最初的意思是大火之色，即火红色，借指红色。

红色是颜色，比较抽象，不好造字。大火的颜色与红色比较接近，古人因此选取了它，用它来表示红色这种颜色。

"色浅曰赤，色深曰朱。"朱色也是红色的一种，只是比赤色要深一些。"近朱者赤，近墨者黑"的言外之意，是说朱色能把白色染成赤色，赤色却不能把白色染成朱色。因为这个缘故，也从没有人把这句话说成是"近赤者朱，近黑者墨"。

"子生赤色，故言赤子。"人们习惯把婴儿称为"赤子"。刚出生的婴儿，赤条条来到人间，纯洁无瑕（xiá），心无杂念。人们常用"赤子之心"来形容像婴儿一样纯洁的心。"海外赤子"指的是对祖国怀有纯真感情的海外同胞。

结合"赤子"这层意思，我又引申出裸（luǒ）露、空无一物和忠诚等意思。"赤身裸体""赤手空拳""赤胆忠心"，就分别含有上述意思。

会计记账时，习惯用红笔写下支出超过收入的数额。这个红色的亏空的数额，就叫"赤字"。如果是连年赤字，就意味着连年亏空。

"赤日几时过，清风无处寻。"（出自宋·曾几《大暑》）

"野果迎霜赤，园花带雪黄。"[出自明·王祎（yī）《渑（miǎn）池道中》]

很多古诗词里都有我的身影。

我来造字

我们这个家族的汉字，主要和红色有关。

我通常待在我朋友的左边，有时候也跑到其他位置。

因为我是以"**赤**"字的身份做偏旁，所以大家都叫我"**赤字旁**"。

小篆

郝 隶书

我遇到右耳旁（阝），
就变成了"郝"字。

郝（hǎo）先生耕地郝郝（shì）然。"郝郝"和"释释"同音同义，指的是耕地时土壤散开的样子。

小篆

赦 隶书

遇到反文旁（攵），
就变成了"赦（shè）"字。

先有司，赦小过，举贤才。

小篆

哧 隶书

遇到"口"字，
就变成了"哧"字。

扑哧一笑。

小篆

赧
隶书

遇到"卩(jié)"字和"又"字,
就变成了"赧(nǎn)"字。

赧然一笑,赧然汗下。赧然是因害羞或者羞愧而脸红的样子。"赧"原本是"赧"的异体字,现在以"赧"为正体字。

小篆

赫
隶书

遇到我弟弟,
就变成了"赫(hè)"字。

赫赫有名。赫赫是显赫、显著的样子。

小篆

赭
隶书

遇到"者"字,
就变成了"赭(zhě)"字。

赭山有赭石和赭土,满山红褐色,可以做颜料。

黄字旁

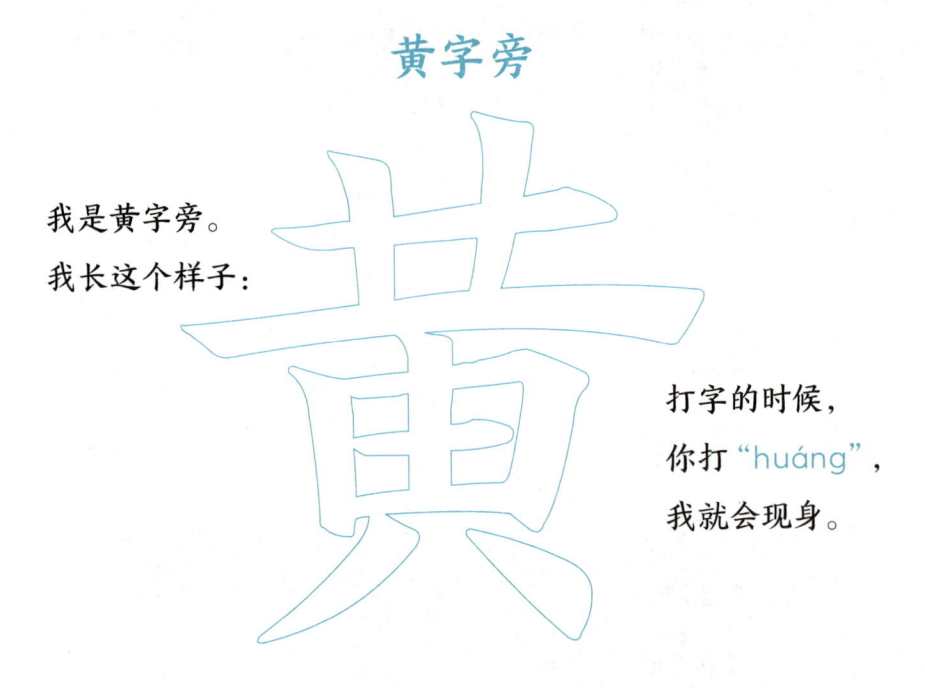

我是黄字旁。
我长这个样子：

黄

打字的时候，
你打 "huáng"，
我就会现身。

我的祖先很酷。它们长这个样子：

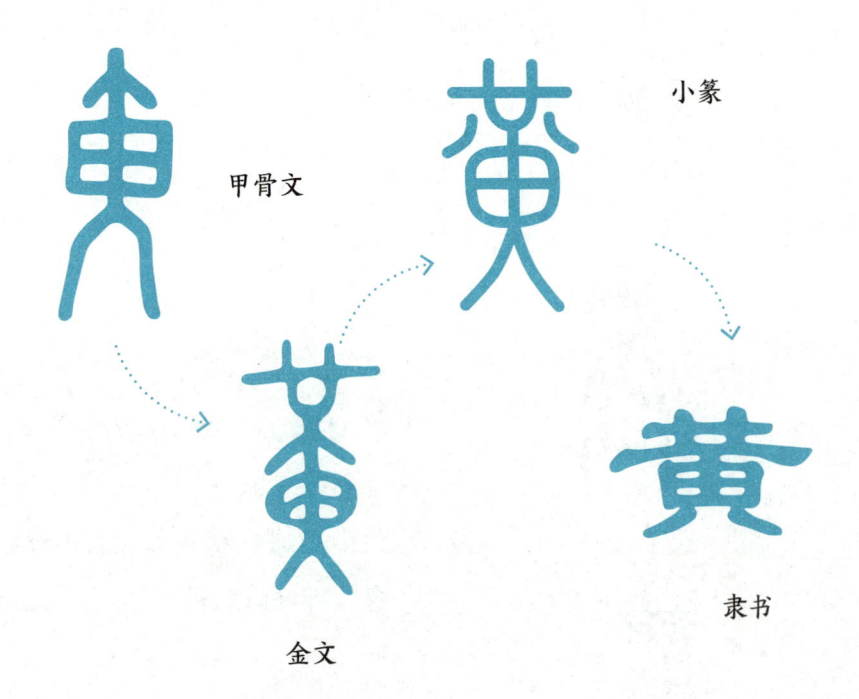

甲骨文

小篆

金文

隶书

你看我的甲骨文祖先,像不像胸戴玉佩(pèi)之人?玉佩中间那一横,是不是表示对所戴玉佩的突出和强调?金文祖先除了胸戴玉佩,是不是还头戴冠冕(miǎn),金簪(zān)束发?

后来,头上的冠冕、金簪和人的双臂是不是慢慢演变成了一横一竖和一竖一横?人体和玉佩是不是演变成了一个"由"字?两腿是不是演变成了一撇一点?

我的故事

我呀,其实就是那个"黄"字,最初的意思是胸前所戴的玉佩。

也许是最初的玉佩多为黄色之故,我后来被假借,用来表示黄色这种颜色。人们另造一个"璜(huáng)"字,代替我来表达玉佩这层意思。

古有"半璧曰璜"和"佩上有衡,下有二璜"之说。璜是一种半璧形的玉佩,可以双璜并佩,是身份和地位的象征。它还是朝聘(pìn)、祭祀(sì)和丧葬时所用的一种礼器。

有人问我:"相传汉字是黄帝的史官仓颉(jié)所造。你的甲骨文祖先,形似胸戴玉佩之人。此人会不会就是黄帝?"

我觉得仓颉作为黄帝的属下,专门为黄帝造一个汉字,确实有这个可能。只是时代久远,恐怕已无从考证。

"天地玄黄,宇宙洪荒。"我作为一种颜色,首先和大地联系在一起。

生活在黄土地上的中国人,也都是黄皮肤和黑头发、黑眼睛。

黄帝是中华民族的始祖。我很荣幸他的名字当中有我。我们大家都是炎黄子孙。

黄河是我们的"母亲河"。它的名字当中也有我。

我是成熟的象征。谷物成熟的时候,叶子都会变成我这种颜色。

叶子黄了,很快就会落掉。人们又用我来形容事情失败,目标未能实现。

事情黄了就黄了吧,咱们谁也别埋怨。从头再来,努力奋斗,一定能够摘取黄澄澄(dēng)的果实。

"草色青青柳色黄,桃花历乱李花香。"(出自唐·贾至《春思二首》)

"一年好景君须记,最是橙黄橘(jú)绿时。"(出自宋·苏轼《赠刘景文》)

很多古诗词里都有我的身影。

我来造字

我们这个家族的汉字，主要和佩玉有关，和黄色有关。

我通常待在我朋友的右边，有时候也跑到其他位置。

因为我是以"黄"字的身份做偏旁，所以大家都叫我"黄字旁"。

小篆

潢

隶书

我遇到三点水（氵），就变成了"潢（huáng）"字。

"潢"字最初的意思是积水，同时也指积水池。弄兵潢池，是对起兵叛乱的蔑（miè）称。言外之意是说，在积水池里起兵造反，成不了气候。"潢"字后来也指黄檗（bò）汁，同时也指用黄檗汁染成的潢纸。装潢即装裱、装池。古人习惯用黄檗煮汁，染治潢纸，将书画装裱成卷（juàn）轴，内如潢池。

小篆

横
隶书

遇到"木"字,
就变成了"横"字。

横刀立马。

小篆

磺
隶书

遇到"石"字,
就变成了"磺（huáng）"字。

硫磺杀菌。

小篆

蟥
隶书

遇到"虫"字,
就变成了"蟥（huáng）"字。

环节动物水蛭（zhì），俗名为"蚂（mǎ）蟥"。

小篆

䩆
隶书

遇到"占"字,
就变成了"䩆(tiān)"字。

"䩆"的意思是浅黄色,也泛指黄色。䩆鹿长着褐色的毛,布满白色斑点,形似梅花鹿,只是角的上部宽阔扁平,呈掌状。

小篆

簧
隶书

遇到竹字头(⺮),
就变成了"簧(huáng)"字。

巧舌如簧。簧是簧片,是乐器里面用来振动发声的薄片。

小篆

黉
隶书

遇到两点一撇和秃宝盖(冖),
就变成了"黉(hóng)"字。

黉是古代的学校。古代称学校的门为"黉门",人们也用"黉门"来借指学校。
"黉"是"黌"的简化字。

选自怀素书《小草千字文》

名帖赏析

怀素，唐代著名书法家，字藏真，俗姓钱，自幼出家为僧。其草书独步天下，有"草圣"之称。怀素书《小草千字文》，系其晚年佳作，古朴淡雅，静穆之气跃然纸上，被称为"天下第一小草"，有"一字值千金"之美誉，因而又名《千金帖》。

黑字旁

我是黑字旁。
我长这个样子：

黑

打字的时候，
你打"hēi"，
我就会现身。

我的祖先很酷。它们长这个样子：

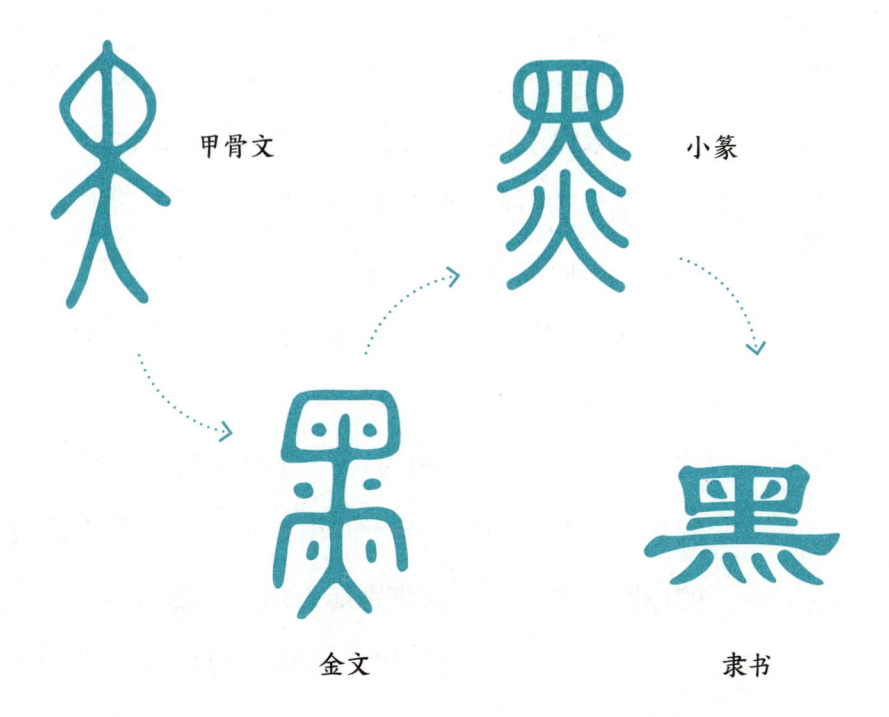

甲骨文

小篆

金文

隶书

你看我的甲骨文祖先,身上那个圈圈是不是代表烟囱(cōng)?中间那个双臂形的笔画,是不是代表灶台?由一竖和尾叉组成的那个笔画,是不是表示烟火自灶台升腾而上,顺着烟囱冒出?金文祖先身上的灶台和烟囱,是不是都演变成了方形?那几个小黑点,是不是代表烟灰?小篆祖先是不是演变成了烟囱和"炎"字的组合体?"炎"字是不是表示火焰升腾而上?

后来,是不是慢慢演变成了一竖、一个横折、一点一撇、一横、一个"土"字和一个四点水?

我的故事

我呀,其实就是那个"黑"字,最初的意思是烟熏火燎(liǎo)之色,即烟灰色,借指黑色。

最早的时候,灶台和烟囱都是土石所砌(qì),我身上因而带有"土"字。

我有时似灰,有时似墨,故有"灰黑"和"墨黑"之分。

我跟"白"字相对。"黑白分明",是说我们界限清晰(xī)。至于"黑白不分",那不是我的原因,是当事者的辨别能力出了问题。

我还是"黑夜"和"黑暗"的象征。"白天

不懂夜的黑。"白天光亮充足,我却是暗夜沉沉。我们是水火不容的两个世界。

我善于将万物隐于黑夜或者黑暗之处,因而还含有隐秘和非法等意思。"黑帮""黑话""黑客""黑钱",就都含有这层意思。

"黑心棉"和"黑心肉",是昧着良心生产出来的劣质商品,不法商贩用它们以次充好,以假乱真。

"黑着脸"和"脸黑着",描述的是脸的状态,用来形容生气或者威严的样子。"红着脸"和"脸红着",是和它们类似的一对词语。

"雨在时时黑,春归处处青。"(出自宋·唐庚《栖禅暮归书所见二首》)

"月黑见渔灯,孤光一点萤。"[出自清·查(zhā)慎行《舟夜书所见》]

很多古诗词里都有我的身影。

我来造字

我们这个家族的汉字,主要和黑色有关。

我通常待在我朋友的左边,有时候也跑到其他位置。

因为我是以"黑"字的身份做偏旁,所以大家都叫我"黑字旁"。

小篆

黔
隶书

我遇到"今"字,
就变成了"黔(qián)"字。

黔驴技穷。黔是贵州的别称。

小篆

黥
隶书

遇到"京"字,
就变成了"黥(qíng)"字。

黥面即墨刑,脸额刻字,涂以黑墨。

小篆

黜
隶书

遇到"出"字,
就变成了"黜(chù)"字。

罢黜百家,独尊儒术。罢和黜,意思都是免去和解除。罢黜,意思是贬斥,贬低并排斥。

小篆

黠
隶书

遇到"吉"字,
就变成了"黠(xiá)"字。

性狡黠,善隐匿(nì)。狡黠,
意思是狡猾、奸诈。

小篆

墨
隶书

遇到"土"字,
就变成了"墨"字。

水墨淡淡,烟雨蒙蒙(méng)。

小篆

黛
隶书

遇到"代"字,
就变成了"黛(dài)"字。

眉如远山含黛,眼似秋水横波。
黛是青黑色的颜料,借指青黑
色。黛眉是用黛所画的眉毛,
因其色如远山,又称"远山黛"。

选自米芾书《木兰辞》

女亦无所思女亦无所忆昨夜见军帖可汗大點

名帖赏析

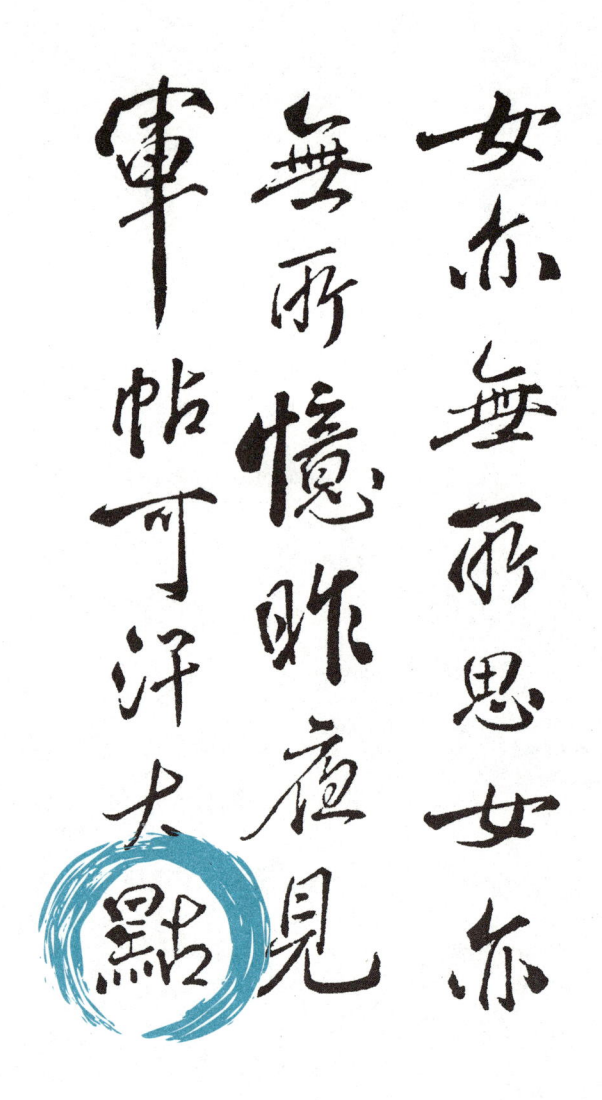

《木兰辞》，又名《木兰诗》，系北朝民歌。米芾（fú），北宋著名书画家和书画理论家，与苏东坡、黄庭坚、蔡襄合称"宋四家"。米芾书《木兰辞》，系其行书代表作，用笔迅疾雄健，痛快淋漓，体现出鲜明的"刷字"特点。

新版后记

汉字的字形和字源不对应的问题由来已久。许慎先生所著的《说文解字》里面就有很多汉字是理据重构,从结构和意义上都存在不同程度的失真,偏离了最初的字源。《新华字典》里面的一些汉字只要局部字形和某一部首相同,即使字源不同,也可归入这一部首序列。比如"个"字,像半个"竹"字,是一根倒垂的带有两片竹叶的竹枝。它里面的"人"字并不是真正的"人"字,但是因为笔画形似"人"字,《新华字典》就把它收在了"人部"。《偏旁有话说》以《新华字典》为依据,也把"个"字放在了人字旁里面。

要说字形偏离字源,从《说文解字》开始就初露端倪,后来的汉字简化和字典编排同样出现了这一问题,字形和字源的偏差及讹误就此产生。有些偏离字源的汉字甚至按照"约定俗成"的规则演变成了正体字,作为规范的写法而通行于世。

汉字的发展总体上是一个不断简化、不断变形、大失其源的过程。尤其是经过多次简化后,很多汉字的偏旁(部首)虽然字形相同,字源却不同,对我们认识汉字和理解汉字造成了一定的困扰。繁体字和小篆在字形上较为接近,适当掌握一些繁体字,有助于我们更加清晰地认识汉字演变的过程。其实繁体字只是一个相对的说法,对古文字而言它也是简化字,字形也未必完全符合字源。不可否认,简化后的汉字笔画简省,写起来简单,省时省力,具有非常明显的优点。既然如此,推广和使用简化字,我们何乐而不为呢?

中国轻工业出版社初次出版《偏旁有话说》的时候,"我来造字"这部分内容里面并没有收入繁体字。东方出版社给我发来版样,我在初次校对的时候,开始增补了部分繁体字。终审时,编辑老师又提出了详尽的修改建议。经过慎重考虑,我对部分例字的字形和字源重新比对,逐一理顺,再次增补了部分繁体字,同时也增补了部分异体字。同一个汉字存在多个异体字的,通常选取有助于追溯字源的那个异体字作为例证,其余的异体字不再一一列出。新增的这部分异体字和繁体字,使汉字的演变形成一个相对完整的链条,字源脉络更加清晰，更加方便我们认识汉字和理解汉字。

特别需要说明的是，我在创作《偏旁有话说》的时候，"我来造字"这部分内容里面并没有收入所举例字的小篆。中国轻工业出版社初次出版《偏旁有话说》的时候，为了使版面活泼和美观，给每个例字都配上了小篆。东方出版社改版的时候，对这一做法进行了延续和改进。受字库差异、字体来源不同等因素影响，同一个汉字两家出版社所选取的小篆在字形上也存在不同程度的差异。部分例字及其小篆未在《说文解字》等典籍里面出现过，初始面貌未知，只好采用后世增补的小篆。东方出版社在排版时，对所选取的每一个小篆都按照它本身的结构加以区分，标成深浅两色，错落有致，对比鲜明，使版面更加活泼和美观。经过改进后的版面，浓眉大眼，疏朗雅致，整体面貌焕然一新。

"我来造字"这部分内容中的小篆，所起的主要作用是修饰版面。古今字形变化较大，很多汉字的字形和字源对应不起来，造成此种现象的原因较为复杂。在这种情况下，对得上更好，对不上也没有必要硬对。读者朋友们看到某个例字的小篆后，能够知道它的小篆是这个样子，可以这样写就可以了。

另外，关于《偏旁有话说》这套书，我们可以按照这样的顺序阅读和学习：先通读对某一偏旁的介绍，大体掌握这一偏旁的性质、所处的位置和名称的由来，再细读每一个例字和例句，学会用这一偏旁来构字、组词和造句。读完某个例字和这个例字的例句后，开始熟悉这个例字的异体字和繁体字（假设它存在异体字和繁体字的情况下），将它们和版面一侧的小篆进行比对，观察并提炼出字形和字源方面的变化，然后多在脑子里过几遍，将有关知识理解透彻，熟记于心。

通过这种探究性的学习，我们可以加深对汉字演变规律的认知，帮助自己快速识记汉字，同时也会接受国学浸润，丰富国学素养。长此以往，定会形成自主阅读和深度阅读的习惯，养成灵活高效的语文学习思维，语文学习能力得以持续提升。

刘克升

2024 年 4 月 29 日草就于拈字庵

附录一
《偏旁有话说》创作谈：
细说偏旁身世 静赏汉字之美

2017年至2018年，汉字国学类图书出版之风盛行，市场上涌现出大量"汉字故事"类图书，这对传播汉字国学起到了积极的推动作用。然而，随着跟风出版愈演愈烈，这类图书的弊端也开始显现出来：或是有汉字无故事，或是故事和汉字组合简单生硬，或是对古文字的溯源和解释存在明显的错误……

我从小就喜欢读书，喜欢汉字，初中时便养成了对语文课本中的每个字都要抠读和理解的习惯，文字敏感度逐步增强。我在临沂农校求学时，尤其喜欢到图书馆借阅历届《全国优秀短篇小说评选获奖作品集》。这为我今后的文学创作打下了扎实的文字基础。在尝试了多种体裁的写作后，我于2010年10月开始转入儿童文学创作领域，先后发表了《两只螃蟹跑得快》《一坛古酒》《果园里的男孩女孩》等作品，出版了科幻童话《发明大王在小人国》，并于2015年获得冰心儿童文学新作奖。此后，我雄心勃勃，正打算完成几个酝酿已久的儿童文学选题，忽然遇到这股"汉字故事"之风，我感到很不服气：我们为什么不克服那些弊端，写一部更好的作品呢？

就这样，我放下手头那些选题，开始琢磨如何写好自己的"汉字故事"。这时，单人旁、三点水、秃宝盖、竹字头……这些默默伴随着我们读书学习的偏旁，连同古老的文字历史，开始结伴向我走来，形象鲜活地涌进我的脑海里。偏旁和汉字相辅相成，密不可分。"汉字有故事，偏旁更有话说。"由此，我产生了这样一个想法：能不能以偏旁为纲学习语文，系统地穿起字、词、句、篇，从而收到纲举目张、事半功倍的效果？

人是万灵之长，汉字即是人之所造。写作《偏旁有话说》，"人字旁"自然要当先锋，先从它开始出样章。经过反复思索，反复酝酿，我首先为这套书确定了自传体的写作形式，精选出227个常用偏旁，逐一为它们"立传"。与自传体的写作形式对应，我以第一人称视角为切入点，采取拟人的修辞手法，让各个偏旁"现身说法"。227个常用偏旁，分别从"我的祖先"到"我的故事"，再到"我来造字"，将自己的发展渊源和丰富意蕴娓娓道来，形成了一部"偏旁自传"。这样一来，所有的偏旁就被赋予了人的思维和人的感情，在写作形式和叙述形式上，就与图书市场上常见的"汉字故事"类图书有了明显的区别。

古时候，每个偏旁都是一个独立的汉字，实际上就是一个独体字。它们不但有自己的形状和意思，也有自己的读音。只是随着时间的流逝，这些读音大部分鲜为人知。如果不是汉字研究专家，可能很少能读得出来。比如：宝盖儿（宀）的读音是"mián"，秃宝盖（冖）的读音是"mì"，走之旁（辶）的读音是"chuò"……在这套书里面，我对照几十种古籍，逐一理顺这227个常用偏旁的正确读音和笔顺，并详细加以标注，使偏旁的形象更加完整和鲜活。

系统理清常用偏旁的发展源流，是创作《偏旁有话说》这套书的"重头戏"，也是这套书能不能使读者信服，能不能站住脚的关键所在。我们知道汉字是从甲骨文、金文、小篆和隶书等字体一步一步发展而来，它们当中有很多是象形字。这些象形字，有的一眼就能看出是什么字，而有的就不那么容易辨认。对这种"像而又不像"的现象，少有专家进行研究和解释，各种典籍里的记载也是语焉不详，作为读者更是一头雾水，难以弄清其中的奥秘。《偏旁有话说》这套书，巧妙转换思维，为我们铺就了一条揭开谜底的通道。

以自字旁（自）为例，我是这样来追溯汉字发展源流的：

我的甲骨文祖先，其实由鼻子的外部线条罗列而成。先画一竖，代表鼻梁。再画一个三角形，代表鼻端外廓。接着画两个秤钩，代表两条鼻侧曲线。最后再画一横，代表左右鼻背。鼻背画完，整个鼻子也就画出来了。（摘自《偏旁有话说》之人体卷"自字旁"。）

按照上面的解说，我们很容易就能画出一个自字旁（自）的甲骨文。

我们不得不佩服古人的智慧，他们确实有一套科学的造字法则。通过对手字旁、自字旁和口字旁等偏旁的阐述，我首次总结出这样一条造字规律：无论是手字旁、自字旁，还是口字旁，它们最初的造字方式都是通过仔细观察面前之人，以人体器官的外廓以及各组成部分的线条组合而成。另外，在舌字旁、言字旁、音字旁、工字旁等源流的考证上，也有新的发现和解释。这种创新性的溯源方式，可以帮助我们巧妙地完成思维转换，准确解读汉字的源流，克服机械记忆和被动记忆的弊端，实现形象识记和思维识记相结合，极大地提高汉字学习和汉字研究的效率。

《偏旁有话说》这套书，本着不做快餐文化的原则，密切关注小读者的阅读习惯和阅读能力，融入大量成语、典故以及造字趣闻等国学常识，同时适当提高阅读难度，收入了一些笔画烦琐的难读难写之字和需要下功夫才能理解的知识点，鼓励大家"跳起来摘桃子"，亲身体验攻坚克难的乐趣，在读书学习上更有成就感。

写作期间，深夜入睡和凌晨即起成了我的生活常态。书成之后，共分六卷：人体卷、动作卷、器物卷、自然卷、动物卷和万象卷。全书的定位是：力争打造一部语文通识教育读本，成为学生自主学习语文的入门书、家长辅导孩子学习的参考书、教师探究语文教学的工具书。

对标法布尔的昆虫小品、竺可桢的气象小品、茅以升的桥梁小品、高士其的细菌小品，《偏旁有话说》可以说是一部特色鲜明的汉字小品。"细说偏旁身世，静赏汉字之美。培养语文思维，夯实语文根基。"希望《偏旁有话说》这套图书，能给您带来不一样的感受，引领您走进一个神奇的语言文字世界。（原载于2019年1月25日《图书馆报》。）

附录二
《图书馆报》作家访谈：
拐弯遇到好风景

记者才佳玉：您于2010年开始转入儿童文学创作领域，儿童文学之于您的魅力何在？

刘克升：我在创作初期曾写过诗歌和散文，1997年7月1日发表散文处女作《看树的红樱桃》。此后，虽偶有小作问世，但久无建树，一度沉寂，甚至还有过放弃文学创作的念头。有一次，我曾经把家里所有的文学书籍都送给了别人。这明显地是"散书明志"啊！我想通过这种方式，彻底断了自己的写作念头。谁知藕断丝连，那些书是送出去了，我却又买回来更多的书，将写作时断时续地坚持了下来。

2003年年初，我开始写作当时被称为"当今世说新语"的"城市笔记"体裁。我偶然闯入西祠胡同"城市笔记"论坛，和小小胖、华沙（时为《南京晨报》副刊编辑）、真正易水寒（时为《城市晚报》副刊编辑）等几位版主共同管理该论坛，并提出了"城市笔记"写作口号："记录城市，记录者就是你。"2005年5月，我作为"城市笔记"代表写手，和另外三位作家、一位插画家一起接受了"城市笔记"发端媒体《南方都市报》的采访。

一种体裁写久了，难免会产生局限。在写作"城市笔记"的同时，我开始琢磨其他突破口。2004年至2005年期间，我跨界进入职场写作领域，完成了10万余字职场系列《白领伊索》的创作，以专栏形式在全国10余家报刊连载。

职场这口井，打到一定深度，我又不想再向下挖掘了。于是，我开始写作《读者》《青年文摘》《格言》上那类"感悟美文"。经过一段时间的努力，写出了《转身就是方向》《向下走的境界》《未竟之美》等代表作，成为《青年文摘》超人气作家、《格言》签约作家。

随后，我又陆续步入故事写作和小小说创作领域。2007年，因创作成绩突出，受到《故事会》杂志社邀请，赴上海参加了素有"故事创作黄埔军校"之称的故事创作研讨班（第十二期）。自2009年起，我连续五届获得中国微型小说学会举办的全国微型小说（小小说）奖。

写到这里，我又开始困惑了：写了这么多年文学作品，说有影响吧，影响还真不大；说没有影响吧，也写出了一些颇受读者好评的作品。接下来的创作之路该怎么走呢？

我想起小时候读过的《故事大王》《少年文艺》等杂志，里面那些充满童趣、充满成长力量的儿童文学作品，早就在我的心里播下了一粒儿童文学的种子。现在该是它们发芽开花的时候啦！我打算彻底放弃成人文学写作，完全转入儿童文学创作领域。2010年10月开始，我先后完成了《两只螃蟹跑得快》《一坛古酒》《果园里的男孩女孩》等短篇儿童文学作品，发表在《儿童文学》《少年文艺》《东方少年》等杂志。初试身手后，随即转入中长篇儿童文学作品以及童诗创作。2014年，我出版了科幻童话《发明大王在小人国》。2015年，我创作的长达94行的童诗《很重，很重》获得冰心儿童文学新作奖。

2018年年底，我画过一幅创作图，通过一条曲线来展示自己的创作转型经历。我给它取了个名字：《拐弯遇到好风景——"一途"读懂刘克升》。拐弯的意思是说，我在写作的旅途中，写着写着就转换了方向，闯到一些陌生的领域，写一些意想不到的体裁。屈指算来，我已经拐了七八个这样的弯，每个弯道也都遇到了一些"风景"。如今拐弯拐到了儿童文学创作这个领域，有幸结识了很多优秀的儿童文学作家，遇到了很多热心的读者朋友和认真负责的编辑老师，我感觉自己已经遇到了"最好的风景"。我的童心秉性被彻底激活。我将永久驻留此处，和大家共同散播儿童文学的芳香。

记者才佳玉：《偏旁有话说》是您新近出版的一部作品，

您认为这部作品的最大亮点在哪里？

刘克升：其实，我倒是更想听一听读者朋友们对这部作品的看法。这部作品完成后，我曾在同一天内分别交给三家出版社的重量级人物，但三家出版社的答复截然不同。一家出版社认为此书只能摘取部分内容在当地报纸上刊发，绝对出版不了。一家出版社认为这部书稿非常棒，很想出版，但是后来请教了国学专家，怕出现错误，因而放弃了出版计划。最后一家出版社——中国轻工业出版社，十多天即通过了选题，作为年度重点项目，快速安排出版。

汉语是我们的母语。热爱汉字，以科学的思维解读和学习汉字，才能更好地促进汉语文化传承。我觉得《偏旁有话说》这部作品，最大的亮点可能就是展现在字里行间的"以偏旁为纲学习语文"这种理念。以偏旁为纲学习语文，可以串起字、词、句、篇，收到纲举目张、事半功倍的效果。

作品中的每一个偏旁都分别现身自述，自成体系，相当于一堂完整的课程。如果是教师，甚至可以将这部作品直接用于课堂教学。学完一个偏旁，它的读音、它的笔顺、它的来源、它的发展，都会了然于胸。227个常用偏旁都悟透，就能在脑海里织成一张"汉字之网"。如果在小学阶段完成这张网的编织，就可以帮助孩子有效地提高汉字学习效率，养成良好的语文素养，为初中阶段和高中阶段的阅读学习打下坚实的基础。

记者才佳玉：创作《偏旁有话说》这部作品，您前后大概花费了多长时间？在这一过程中，您是否遇到了一些困难？其中最难忘的是哪一件？

刘克升：《偏旁有话说》这部作品，动笔于 2017 年 6 月 2 日，完成于 2018 年 5 月 23 日，差九天即满一年。它是对偏旁发展源流的深入追溯，牵扯到读音、笔顺、造字、组词、成句等功用的整合，写作起来劳神费力，是我目前付出精力最多的一部作品。在接近一年的时间里，我每天只睡三四个小时，熬白了鬓角，视力明显下降。中国轻工业出版社安排六位责任编辑审读书稿。仅双方商谈完善书稿的交流文字，就已经成倍于书稿本身的字数。

在写作过程当中，最难忘的就是对甲骨文、金文、小篆这些古文字的溯源问题。尤其是自字旁（自）、口字旁（口）、手字旁（手）和舌字旁（舌）等古文字，它们虽然都是象形字，但是和眼前的人体器官相比较，又都存在"像而又不像"的感觉。溯源时，不仅要比对 40 余种古今典籍，还要仔细揣摩古人造字时的观察角度和思维方式，力求能够和古人神意相通。

我最常做的一件事，就是随时把我妻子和儿子喊过来："让我看看你的鼻子！""让我看看你的嘴！"……身边有现成的"模特"，往往一看就是一二十分钟。经过反复观察和揣摩，我最大限度地领会古人造字时的思路，消除了学习古文字时存在的"像而又不像"的问题，准确驶向汉字的源头，做到了既知其然，也知其所以然。

记者才佳玉：任何创作都离不开前期的素材积累。请问您创作《偏旁有话说》的素材积累主要通过哪些途径？

刘克升：创作《偏旁有话说》，是踩着古人的肩膀登高。我写作这部作品的原则是：不能只做简单的"搬运工"，既要甄别和继承，也要创新和发展。

许慎先生的《说文解字》，打开了系统研究汉字字形和字源的大门。清朝研究《说文解字》的"四大家"当中，段玉裁著有《说文解字注》，桂馥著有《说文解字义证》，王筠著有《说文句读》，朱骏声著有《说文通训定声》。这些著作，都是我们研究汉字的源泉所在。号称"古典图书集成"的国学大师网站、专门研究古文字的象形字典网站，也是搜集写作素材的好去处。新结识的陈玉明博士，更是从台湾发来相关资料，供我参考和研究。

素材问题解决了，还需要厚实的写作功底来支撑创作。我的本职工作是文秘，业余搞创作。文秘和作家这两种身份，不但没有相互损耗，反而促使我形成了理性思维和形象思维兼具的写作风格。这使得我面对大量的写作素材时能够如鱼得水、沙里淘金，丝毫不觉枯燥。这才有了这部"偏旁自传"，用文学笔法来描述，以理性思维来归纳，实现了汉字溯源与儿童文学的有机结合。

记者才佳玉：阅读在您的生活中占有怎样的位置？您如何看待当前的儿童阅读？

刘克升：我从小就喜欢读书，常去我奶奶家里拿我小叔的图画书来读。我有一个同村的好朋友，他爸爸是电影放映员，家里有很多电影海报。这些图画书和电影海报成了我的启蒙读物。

读五年级的时候，班里有一个"故事大王"，我至今仍记得他讲过的"自动擦腚机"的故事。我常常想，他这些故事是从哪里读来的？我要是能读到就好了。

读初中的时候，我把语文课本当成故事书，一个字一个字地抠读和理解。现在我几乎每天都要读一些书，以至于家里的书堆得乱糟糟的，到处都是。

我如果打算写某一类体裁的作品，一定会把有关作家的图书都买来，将他们的代表作统统吃透。比如当初打算进入儿童文学创作领域时，我就买了大量的"百年百部中国儿童文学经典书系"这个系列的图书。等你读到一定程度，领悟了其中的奥妙，觉得自己写起来绝对不会输于名家时，你就可以动手写作这种体裁的作品了。

我其实是一个性格内向的人，同小读者的交流并不多。我觉得小读者读书，自己喜欢的作品当然要读，不喜欢的也要读一些。不喜欢并不代表不好，这就像有些事情你不愿意去做，但是被迫去做了以后，你会觉得：哎，幸亏做了，感觉还不错！喜欢和不喜欢的都要读一些，这才是全面的阅读、不留遗憾的阅读。（原载于2019年4月12日《图书馆报》。）

附录三
偏旁和部首的区别

偏旁是组成合体字的结构单位。古人把合体字的左边称为"偏",右边称为"旁",合称为偏旁。后来扩大范围,把合体字的各个组成部分,包括左右、上下和内外等各个部位,都统称为偏旁。

《说文解字》里把形旁相同的汉字归为一部,共分为540部。每个形旁都排在一部之首,具有统领作用,因而称之为"部首"。比如"吃""喝""呼""吹"等,都具有共同的形旁"口",意思都和口有关,因而列入口部。"口"字是它们共同的部首,排在它们之前。

现在《新华字典》里的《部首检字表》,把部首分为201部。我们查字典的时候,可以使用部首检字法,在《部首检字表》里查到想查的汉字。

具体来讲,偏旁和部首的区别,首先是名称不同。部首的名称都是"某部",比如女部和木部。到了偏旁那里,则称为女字旁和木字旁，另外还有秃宝盖、草字头、弄字底等各种不同类别的称呼。

　　再就是作用不同。偏旁用来构字，是构成合体字的部件。部首用来检字，是一部之首。比如"矿"字，它由石字旁和广字旁构成，部首是石部。查字典的时候，应该先找到石部所在的页码，再在石部这一栏里查3画（除去部首以外的笔画数），就能查到"矿"字。

　　它们的数量和范围也不同。一般来说，一个合体字都有两个或者两个以上的偏旁，部首却只有一个。偏旁的总体数量，更是远远多于部首。偏旁包括部首，部首能当偏旁，偏旁却不一定能当部首。比如"站"字，它的偏旁是立字旁（立）和占字旁（占），部首是立部（立），立部同时也是立字旁，而占字旁只是偏旁，不是部首。

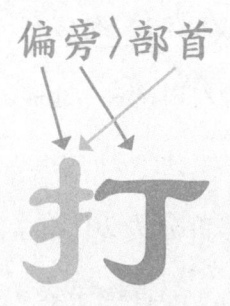

偏旁〉部首　　　偏旁〉部首　　　偏旁〉部首

打　　　芽　　　国